MERITXELL GARCIA ROIG

La fuerza de ser altamente sensible

Descubre si lo eres y aprende de tu poder creativo

Grijalbo

Papel certificado por el Forest Stewardship Council®

Primera edición: marzo de 2022

© 2022, Meritxell Garcia Roig
© 2022, Penguin Random House Grupo Editorial, S. A. U.
Travessera de Gràcia, 47-49. 08021 Barcelona

Printed in Spain — Impreso en España

ISBN: 978-84-253-6137-1
Depósito legal: B-884-2022

Compuesto en Pleca Digital, S. L. U.

Impreso en Romanyà Valls, S. A.
Capellades (Barcelona)

GR 6 1 3 7 A

La fuerza de ser altamente sensible

Índice

1

Mi historia creativa

Recuerdo el primer día que visité la guardería, tenía entonces tres años. La profesora nos fue mostrando las instalaciones. Nos enseñó el comedor y las aulas, incluidas la de Música y la de Plástica. Me acuerdo de observarlo todo en silencio; miraba cada detalle de aquellos pasillos, de los pupitres dispuestos uno al lado del otro, y me imaginaba sentada en la clase. De pronto, me surgió una duda importante para mí, así que, ni corta ni perezosa, pregunté:

—¿No hay lavabos?

Durante el *tour* solo había visto aulas y más aulas y me sentía confundida.

—Claro que sí —contestó la profesora.

—¿Podemos verlos? —pedí con curiosidad.

—¡Por supuesto! —dijo ella sonriendo.

Tal vez no sea la típica pregunta que haría una cría de tres años, pero desde la perspectiva de una niña altamente sensible es normal: me preocupaba saber cómo sería mi día a día, quería hacerme una idea de lo que haría en la guardería. En mi mente infantil, intentaba anticiparme a los acontecimientos. Un escenario controlado y preparado conlleva menos contratiempos sensoriales. De pequeña quizá no fuera consciente de ello, pero en mi interior sabía que era así, y buscaba respuestas que me ayudaban a sentirme segura.

Recuerdo aquel día como si fuera hoy. Mi abuela me dijo: «Txell, estarás aquí unas horitas y luego la abuela vendrá a buscarte. Siéntate en esta silla, no te muevas y la yaya volverá a recogerte en un ratito».

Como obediente que era, me senté en esa silla y me quedé observando a los niños y a los padres que entraban en la sala. Minutos más tarde, seguía sentada en aquella silla, lejos del trajín de los niños ruidosos.

La señorita se acercó a mí y me dijo que fuera a sentarme con el resto de los niños. Yo le contesté que no, que mi abuela me había dicho que me quedara en esa silla hasta que ella volviera a buscarme y que no pensaba moverme de allí.

Estar en un rinconcito del aula me ofrecía una perspectiva privilegiada. Podía ver a los niños, cómo eran, qué hacían. También miraba las paredes, llenas de dibujos y murales. Cada mañana llegaba a la guardería y me sentaba en mi silla, apartada de los demás.

A finales de la primera semana, me levantaba de la silla, corría a hablar con un compañero y volvía a mi sitio lo más rápido que podía. Las profesoras respetaron mi voluntad de sentarme en esa silla, aunque intentaban involucrarme en la clase lo máximo posible.

Mientras te cuento esto se me escapa una sonrisa porque recuerdo que, para conseguir que me levantara de la silla, mis profesoras se inventaron una canción que decía que mi abuela venía a recogerme. Cogían la guitarra, y con un pie en la silla, adoptando una pose flamenca, rasgueaban las cuerdas. Entonces, al son de la música, todos los niños de la clase cantábamos la canción, que empezaba así: «Ahora viene Filo, Filo vendrá a buscarte...». Filo es mi abuela. Se llama Filomena, un nombre italiano poco común en Barcelona pero perfecto para una canción espontánea que quedaría en el recuerdo de esos primeros días de guardería. Mis profesoras pensaron que la cantilena me animaría a unirme al grupo de niños. En los años noventa nadie había oído hablar de personas altamente sensibles, pero mis profesoras fueron lo bastante empáticas y perceptivas para darse cuenta de que necesitaba una adaptación a mi ritmo.

Me costó dos semanas acostumbrarme a la guardería, y mis incursiones en el grupo fueron cada vez más asiduas por voluntad propia. Pasado el tiempo, ya no volvía corriendo a mi silla cuando iba a hablar con un compañero, hasta que me uní al resto de los niños y me senté con ellos.

Para la pequeña Txell de tres años todo aquello —un espacio nuevo, rodeada de niños, sin adultos conocidos y con la novedosa figura del profesor— implicaba tal avalancha de información sensorial que su sistema sensible no daba abasto.

No lloré ni un día por tener que ir al parvulario, pero mi cuerpo estaba agotado. Según mi madre, durante dos semanas lucí unas ojeras que parecían salidas de una película de terror. La sobresaturación se me notaba en el cansancio del cuerpo.

Necesitaba reposar en esa silla, apartada de todo —a solo unos metros de la realidad—, para procesar y asumir toda esa información nueva que me proporcionaba ir a la guardería.

Con tres palabras

De pequeñita, con apenas un año y medio, ya era capaz de formar oraciones de tres palabras. Los niños de mi edad me parecían aburridísimos porque aún no hablaban, mientras que yo podía comunicarme, aunque fuera con frases rudimentarias.

Un día mi madre y yo estábamos en el parque, sentadas en el arenero, y a mi lado había un niño de mi edad.

Mi madre me dijo:

—Txell, ¿por qué no juegas con este niño?

—Mamá, no habla, aburrido —respondí con expresión de desdén.

—Pero si no hace falta hablar. Mira... —dijo ella mientras movía la pala y jugaba con el niño haciendo gestos y dibujando en la arena.

Aún recuerdo la mirada de extrañeza que le dediqué a mi madre. Hablar con gestos me parecía una locura. Siempre he sido muy espontánea y mi cara es un libro abierto que muestra lo que me sucede por dentro.

Un chándal rosa espantoso

Una vez señalé a una dependienta de una tienda de ropa con mi dedito en alto, amenazador, mientras le decía:

—Nena no gusta.

La dependienta quería que me probara un chándal de color rosa espantoso.

Mi madre aún se ríe al recordarlo ya que, gracias a mí, se

ahorró el mal trago de tener que decirlo ella. Desde pequeña, era capaz de expresar mi incomodidad y determinación con el dedo en alto y frases de tres palabras. Sabía marcar límites con los recursos de los que disponía por entonces.

Una F de imprenta

Fui una niña muy risueña e intensa a la vez. Cuando estaba triste, enfadada o molesta porque algo me parecía injusto, entraba en una espiral de autodestrucción que no sabía gestionar.

Una tarde me dio por practicar caligrafía. Quería trazar una letra F idéntica a las del libro que tenía delante. Lo intenté con todo mi empeño durante un buen rato, pero no hubo manera de que me saliera una F de imprenta perfecta, tal y como yo quería.

Hoy sé que la F que tracé era mejor que muchas de las que he visto en mi vida, pero a mi yo de cinco años le parecía que no alcanzaba el estándar de la perfección.

Lloré durante más de tres horas. Mi madre, sentada a mi lado, intentaba convencerme de que la F que pretendía copiar solo podía hacerla una máquina. Sin embargo, me empeñé en reproducirla.

Ella me enseñó que a veces las cosas no salen como uno quiere, pero que eso no significa que el resultado sea peor. Intentó compensar mi sentido del perfeccionismo, presente en todo lo que yo hacía, y puso todo de su parte por quitar hierro al asunto.

Gracias a sus esfuerzos, poco a poco fui capaz de regular

mis intensas emociones, ese sentirlo todo a flor de piel que forma parte de mi naturaleza.

Se me han acabado los besos

Con cuatro años ya tenía claro que, de pequeña, los adultos te achuchan, te acarician las mejillas o te manosean el pelo a su antojo. Recuerdo que no me gustaba mucho ese contacto físico forzado, así que, cuando me pedían un abrazo o un beso y no me apetecía darlo, ni corta ni perezosa me sacaba los bolsillos del pantalón o de la falda, con las costuras hacia fuera y, con los brazos en jarras, decía: «Uy, se me han acabado los besos...».

Me había vuelto muy salada a la hora de expresar mis necesidades, por lo que los adultos se reían y yo me libraba de los besos y de los abrazos forzados, pues me resultaban muy incómodos. Para las PAS (Personas Altamente Sensibles), ese contacto forzado es drenante y agotador; es como si alguien te estuviera quitando un porcentaje de la energía vital que necesitas para vivir.

Decepción intensa

Fui creciendo y empecé Primaria. Lorena era mi mejor amiga desde la guardería. Iba un año por delante de mí, pero siempre nos juntábamos a la hora del recreo. Mi primera gran decepción fue cuando dejó de ser mi amiga. Mi memoria infantil solo recuerda la desilusión que me llevé al ver que Lorena estaba jugando en el patio con mi archienemiga.

Todos hemos tenido un archienemigo en algún momento de la vida y, para mí, aquella niña era la villana de mi infancia. Con diez años, lloré muchísimo porque me dolía en el alma que Lorena, a la que consideraba mi mejor amiga, jugase con una niña que me trataba mal y me criticaba tanto a la cara como por la espalda.

Fue como si mi corazón se hubiera hecho pedazos. Hasta que no experimenté el dolor de las rupturas amorosas, aquella fue la tristeza más profunda que sentí. Era injusto: no entendía que alguien a quien yo apreciaba pudiera hacerme tanto daño.

Viviendo otras vidas con cada página

Siempre había sido una niña muy sociable, pero también muy mía, con un rico mundo interior y una gran necesidad de estar sola en él. Cada noche leía con mi madre. Nos sentábamos en mi cama y, desde los cinco años, ya capaz de leer sola, teníamos un «momento madre e hija»: yo leía en voz alta y ella se quedaba a mi lado.

Siempre he pensado que leer es una vía de escape que me transporta más allá del mundo que me rodea. En aquella época, cuando me agobiaba, quería escapar o mis sentimientos y pensamientos me abrumaban, cogía un libro para perderme entre sus páginas.

En ese momento de contacto con los libros, mi realidad se difuminaba; me olvidaba de mí y podía vivir una vida distinta, una que se escondía en esas páginas. Los libros siempre me han acompañado: a la hora del patio, cuando no quería hablar con nadie; en la piscina, cuando el ruido me agobiaba o discutían a mi alrededor. Ellos nunca me fallaban.

Seguro que suspendo

Los exámenes. Era de las típicas que siempre pensaban que iban a suspender, pero luego sacaba unas notas excelentes. Me ponía tan nerviosa que el cuerpo reaccionaba como si estuviera en una situación de alarma constante. Al entrar en el aula, antes de la prueba, notaba un vacío en el estómago. Tenía un tiempo limitado para acabarla. Me sentía observada, como si estuvieran mirándome con lupa, como si todos los ojos de la sala estuviesen fijos en mí.

Hablar en público me daba pánico, tanto que sentía que mis piernas se congelaban. La idea de que hubiera decenas de ojos observándome me paralizaba. Sin embargo, me mostraba extrovertida si el grupo era reducido. Me sentía en mi salsa con dos amigas, en un grupito pequeño y un espacio que me hiciera sentir cómoda.

Todo me daba miedo. El mundo exterior me generaba grandes dudas; había miles de escenarios posibles que no podía controlar.

Orden y control

Las normas y la disciplina me proporcionaban un marco de control, así que me volví una persona muy estricta. Si sabía lo que iba a ocurrir, podía anticiparme, pensar en diferentes formas de amortiguar el efecto de la realidad en mis sentidos.

Si tenía que cambiar de planes, aunque implicaran una mejora, se me desmoronaba el castillo de naipes que me había construido y me enfadaba porque mi previsión se había ido al traste en cuestión de segundos.

A pesar de que me iba haciendo mayor, persistía en mí el miedo a lo desconocido, pero empecé a estirarlo y a flexibilizarlo para que no me anclara en lo que conocía, de modo que pudiera emprender nuevas aventuras con el miedo a mi lado.

Vivir en Francia, Londres y Estados Unidos fueron puntos de inflexión para mí; allí tuve que liberarme de esa rigidez que me producía sensación de seguridad y control.

Aprendí a equilibrar el estado emocional y a anclarme en mí para que los estímulos de mi alrededor no marcasen el rumbo de mi vida.

Reconciliarse con la creatividad

La creatividad fue una fuente de inspiración, un recurso estupendo para alcanzar la calma. Igual que la lectura me permitió aislarme de la realidad, la creatividad me ayudó a nadar en ella a mi ritmo.

Siempre había pensado que no era una persona creativa. Me sentía a gusto tras los muros de la rigidez, pensando de forma lineal y guiándome por normas estrictas. Limitada por la cárcel en la que me encerró mi crítico interno, me olvidé de que la creatividad es inherente a los seres humanos, y más aún a las PAS.

Inicié una nueva relación con la imaginación y supuso una

liberación para mí. Hasta entonces, pensaba que la creatividad era para unos pocos privilegiados, como los Picasso y las J. K. Rowling del mundo, y que no estaba a mi alcance.

Sin embargo, empecé a ser consciente de mi capacidad natural para pensar en imágenes y de que siempre, aunque sin darme cuenta, hablaba con metáforas. Observaba cualquier detalle a mi alrededor, establecía conexiones mentales y aparecían nuevas ideas de forma sucesiva.

La creatividad no es exclusiva de pintores, escritores o artistas, con independencia de sus disciplinas, sino que se aplica a la vida, ya que la creatividad consiste en encontrar soluciones. En otras palabras: como la mente que ha creado el problema —el cerebro izquierdo— no puede dar con la solución, el derecho la ayuda porque ve las cosas desde otro punto de vista.

Entonces descubrí que pensar de forma creativa me ofrecía más seguridad que la infinidad de normas autoimpuestas que había creado para sentirme segura en mi rigor, y que no había situación que la creatividad no pudiera resolver.

Hasta ese momento había mantenido una relación de amor-odio con la creatividad. Siempre me gustó escribir, incluso gané algunos concursos de narrativa en la escuela y colaboraba en la revista del instituto. Pintar y dibujar tampoco se me daba mal. Sin embargo, no me había dado cuenta de que utilizaba la creatividad en muchas otras actividades de mi vida. En la cocina, por ejemplo, preparaba platos nuevos, probaba recetas, improvisaba, cambiaba los ingredientes y exploraba nuevos sabores. También era creativa cuando escogía la ropa por la mañana, cuando veía cómo combinar mis *outfits* con mis pendientes e incluso al maquillarme o recogerme el pelo.

Carretera cortada

En 2015, en Indonesia, empecé a hacer las paces con la creatividad cotidiana. Fuimos de excursión a ver los volcanes y, a las dos horas de viaje en coche, nos encontramos con un tramo de carretera en obras que no nos permitía avanzar.

Frustrada, me di cuenta de que habíamos invertido dos horas, pero no podíamos hacer lo que habíamos previsto. Mi creatividad se activó cuando, a un lado de la carretera, vi a unos chicos en sus motocicletas. Hablamos con el conductor de las opciones que teníamos en ese momento: dar la vuelta y no ver los volcanes o negociar con los chicos para alquilarles las motos y seguir por un trocito de carretera habilitado con las que podíamos pasar.

Montada en una motocicleta de camino a los volcanes, con el aire caliente acariciándome la cara, me di cuenta de que algo había cambiado. Mi yo del pasado habría tenido miedo, habría pensado que subirnos en las motos de unos desconocidos era una locura, pero mi yo de ese instante decidió dejar atrás la frustración y vivir en el presente.

Vi los volcanes y, además, tuve una experiencia inolvidable al circular por la carretera en moto. El coche jamás me habría proporcionado esa sensación de libertad ni esa vivencia. El miedo me habría impedido disfrutar, así que, durante dos horas, habríamos recorrido el camino de vuelta en coche enfadados y decepcionados.

Es posible que mi creatividad y yo nunca hubiéramos hecho las paces de no ser por la carretera cortada que se cruzó en mi camino. En aquel momento fui consciente de que algo estaba despertando en mí. Después de calmar la mente, conseguí que el miedo se sentara en el asiento de atrás del coche de mi vida para que sus manos no agarraran el volante. Tenía un magnífico copiloto: la creatividad. Me decía: «Coge el volante del coche de tu vida. Si no lo haces, el miedo lo hará por ti».

Pensar de forma creativa nos permite encontrar soluciones inauditas a las situaciones más extrañas. El contar con soluciones de inmediato y desde la tranquilidad me dio una paz interior inigualable. Ya no necesitaba anticiparme ni planificar cada paso. No importaba lo que se presentase delante de mí: sería un reto y era capaz de superarlo con una sonrisa. La creatividad despertó en mí a esa niña que sonríe con unas pegatinas, a la que le gusta dibujar, que se divierte con cualquier cosa, que se sorprende, que ve la dificultad como un juego para encontrar otro camino. Hemos venido a jugar. Juguemos.

Cenizas de volcán

En 2010 me concedieron una beca para trabajar y formarme en Londres durante un año en la cadena hotelera Hilton. Acababa de cumplir los veinte y estaba asustada y contenta a partes iguales: irme de casa y vivir un año en Inglaterra.

Recuerdo estar en el aeropuerto con las maletas, a punto de subir al avión, cuando anunciaron en las noticias que un volcán de Islandia había empezado a expulsar lava y humo, y que la nube de cenizas se extendía por toda Europa. Cerraron el espacio aéreo y no se podía viajar. No me lo podía creer. ¿Un volcán? Era como estar en una película de ciencia ficción de serie B del sábado por la noche.

Pasaron los días y volvieron a cancelar la reserva del vuelo hacia mi nueva vida en Londres. No podía ir a trabajar porque no había forma de viajar en avión hasta Reino Unido. Era una razón de fuerza mayor, pero todo el mundo intentaba volver a casa o llegar a su destino, por lo que no había coches de alquiler ni asientos en los trenes.

Mi familia y yo decidimos coger el coche, ir a Francia y comprar allí un billete del ferry que iba de Saint-Malo a Portsmouth.

Al margen de la incertidumbre por no saber qué pasaría, me divertí. Aprovechamos el viaje para visitar el monte Saint-Michel y Normandía. Un volcán se interpuso en mi camino, pero me regaló un viaje y una experiencia que de otra forma no habría vivido. Al llegar a Londres, me convertí en la chica que había llegado en ferry. Tardé diez horas en cruzar el charco desde Francia, pero llegué.

Un golpe militar inesperado

En 2016 fui de viaje por trabajo a Singapur. Me encontraría allí con mi pareja, que llegaría desde Barcelona, y viajaríamos juntos a Tailandia de vacaciones. Me fui a dormir pensando en que nos veríamos al día siguiente.

A las cinco de la mañana recibí una llamada. Se había producido un golpe militar en Turquía, mi pareja estaba atrapada en el aeropuerto de Estambul y no podía coger el vuelo de conexión hasta Singapur.

En aquel momento me preocupé y temí que estuviera en peligro, hasta que, de repente, mi creatividad me guiñó un ojo, sacó un plano y empezó a guiarme. Recordé que conocía a gente en Estambul, así que contacté con ellos para buscar opciones por si había que sacarlo del aeropuerto.

Nos organizamos. Una conocida estaba preparada para ayudarlo a salir de allí si era necesario. Hablé por Twitter con personas que se encontraban en el aeropuerto para saber cómo seguía la situación e informar a mi pareja. Mientras, mi madre seguía atenta a las noticias que llegaban de la embajada y de los medios oficiales.

A la mañana siguiente abrieron las taquillas de la aerolínea en el aeropuerto. Mi pareja consiguió un vuelo directo a Tailandia y le compré un billete para una conexión de Bangkok a Krabi, al sur de Tailandia. Así, nos veríamos en el hotel, en Railay Beach. Para complicarlo un poco más, al hotel solo se podía acceder en barco. Sin la certeza de si llegaría ese día, fui a Tailandia desde Singapur, con los nervios a flor de piel por verlo y abrazarlo de nuevo.

Las soluciones creativas no eliminan el sentimiento ni la preocupación, pero ofrecen la tranquilidad de que, pase lo que pase, sabrás qué hacer y, además, darás con la mejor opción.

¡Que viene el huracán!

En 2016, fui a Orlando en otro viaje de trabajo. Una tarde informaron de que se acercaba el huracán Matthew a la zona. Corrí al aeropuerto para conseguir un billete de vuelta a casa y, coordinando la gestión con la central de la empresa, reservé plaza en un vuelo Orlando – Nueva York – Barcelona.

A bordo del último vuelo rumbo a Barcelona, me encontraba en la gloria, con una copa de vino en la mano y acomodada con una almohada en *business class*. De pronto, la cabina empezó a llenarse de humo. Parecía una película de terror. Humo gris, olor a chamusquina y pasajeros que entraban en pánico y lloraban mientras miraban fotos de sus hijos.

Recuerdo que estaba tranquila en mi cubículo pensando que, si íbamos a morir, no podía hacer nada, así que me lo tomé con calma. El avión dio media vuelta. Era un problema eléctrico, pero requería mantenimiento, por lo que hicimos un aterrizaje de emergencia en Boston, con un final de película de Hollywood, donde nos recibieron los bomberos y la policía.

Arreglaron el avión, me compré una camiseta de *I love Boston* y pude disfrutar de un día más en Estados Unidos, lejos del huracán. Y me subí a un avión que no echaba humo.

NAVEGAR LAS SITUACIONES

No hace falta que te encuentres en escenarios tan extremos para usar la creatividad y cultivar una paz interior que te ayude a manejar situaciones que, a simple vista, no puedes cambiar o que te permitan buscar soluciones a ese problema.

A raíz de esas experiencias, llegué a la conclusión de que, si era capaz de mantener la calma y ser creativa en dichas situaciones, podría serlo cuando perdía un tren, me olvidaba de un asunto importante, algo no iba como había previsto, mantenía una conversación difícil con alguien, quería decir que no o los planes cambiaban y tenía que replantearme mis decisiones.

Y me puse manos a la obra. Decidí tomarme esos pequeños obstáculos cotidianos como si fuera un poco de humo gris en la cabina de un avión. Con calma, con una mirada objetiva hacia las alternativas que estaban a mi alcance y con un estado zen que me permitía acceder a mis ilimitadas opciones creativas.

En este viaje, desde una visión del mundo aPASionada, descubriremos nuestra naturaleza sensible, qué significa ser PAS, cómo funcionamos y de qué manera podemos utilizar la creatividad innata para sacar el jugo a nuestra maravillosa sensibilidad. Todo eso nos facilitará la vida y, de paso, nos divertiremos más.

2

PAS: Personas Altamente Sensibles

La alta sensibilidad es un rasgo de la personalidad del 30 por ciento de la población mundial, dos mil millones de personas. Tres de cada diez son PAS.

Este rasgo característico no se limita a los humanos, sino que está presente en la naturaleza. Es frecuente que una parte de la especie sea altamente sensible, dado que favorece la adaptación. Se ha identificado en más de cien especies, desde insectos hasta mamíferos.[1]

Wolf afirma:

> Muchos científicos creen que un factor estructural fundamental en las diferencias de personalidad de los animales es el grado en el que los individuos guían su comportamiento dependiendo de los estímulos del entorno.[2]

El 70 por ciento de las PAS son introvertidas, frente a un 30 por ciento extrovertidas. Muchas veces, el rasgo se asocia a la introversión por el alto porcentaje de PAS introvertidas. Aun así, no nos olvidemos de las extrovertidas; somos pocas, pero tenemos algunas particularidades que veremos más adelante.

Mi experiencia con la realidad no era igual que la de los demás y no entendía por qué no sentían, pensaban o actuaban como yo.

La mayoría de las PAS nos pasamos la vida sintiéndonos bichos raros, pensando que no encajamos en un mundo que parece no estar hecho para nosotros. Pero no somos raros, solo neuroatípicos.[3]

El cableado neurológico de las personas altamente sensibles funciona de otra forma, no como el del 80 por ciento de la población. Además, la evolución del sistema nervioso de las PAS responde con rapidez a los cambios en el entorno.

Nadie nace sabiendo. Al descubrir que el sistema neurosensorial de las PAS es distinto, pensamos que el problema es nuestro, ya que las soluciones de los demás no nos funcionan.

Como dice Karina Zegers, la introductora de este rasgo en España:[4] «El problema no es ser altamente sensible. El problema es pretender no serlo».

Si no lo sabemos, caemos en la tentación de decirnos que las cosas deberían importarnos menos, que los demás lo consiguen y que, con fuerza de voluntad y esfuerzo, podemos conseguirlo. Sin embargo, solo si nos entendemos, podemos encontrar soluciones que se ajusten a nuestra naturaleza.

La sensibilidad es la punta del iceberg que emerge del agua. No obstante, la naturaleza de las PAS posee características que van más allá de la sensibilidad. Para identificarlas, basta con bucear y ver la parte del iceberg que se esconde bajo el agua, donde encontramos la atención selectiva, la creatividad, la percepción fina, la empatía, la orientación al detalle, la reflexión profunda y una gran consciencia como personas, entre otros rasgos.

¿QUÉ ES UNA PERSONA ALTAMENTE SENSIBLE?

En 1990, la doctora en Psicología Elaine Aron y su marido, el doctor Arthur Aron, descubrieron este rasgo de la personalidad. Utilizaron las siglas HSP (*Highly Sensitive Person*), en español PAS (Persona Altamente Sensible) para describir a un individuo con una alta capacidad de procesamiento sensorial (SS, por sus siglas en inglés).[5]

Esta sensibilidad se caracteriza por una mayor impresión o intensidad en la manera de procesar la información percibida por los sentidos.

La doctora Aron se dio cuenta de un rasgo de su personalidad que la hacía interactuar con la realidad de una forma un tanto peculiar, por lo que realizó numerosos estudios científicos[6] para investigar si había más personas que lo tuvieran, qué lo causaba y cómo se manifestaba. Gracias a ellos, pudo determinar las características de las PAS.

A través de la vista, el olfato, el gusto, el oído y el tacto percibimos el mundo que nos rodea. La mayoría de las personas cuentan con un filtro que deja pasar un pequeño porcentaje de la información que reciben a través de los sentidos. Sin embargo, las PAS poseen un sistema de filtraje menor y, por lo tanto, son bombardeadas por estímulos externos, ya sean sonidos, texturas, sabores, olores, palabras o emociones.

Para las PAS, en cada segundo les parece estar viendo siete películas del sábado por la tarde, mientras que un neurotípico solo estaría ante un tráiler de unos minutos para hacerse una idea de qué va la película.

La alta sensibilidad es un rasgo hereditario. Si has descubierto que eres PAS, lo más probable es que tu padre o tu madre también lo sea.

El rasgo implica una forma diferente de relacionarse con el entorno social, un desarrollo y un funcionamiento sensorial un tanto peculiar. No se puede diagnosticar, ya que no es una enfermedad ni un trastorno mental.

Puntualizo que no es una enfermedad porque a veces, por desconocimiento, cualquier rasgo atípico, minoritario o alejado de lo «normal» se considera una patología, y nada más lejos de la verdad.

Ahora bien, es cierto que, por sus características, las PAS somos más propensas a sufrir patologías como la ansiedad y la depresión, sobre todo si no somos conscientes de que poseemos ese rasgo y, en consecuencia, no sabemos cuidar de nuestra naturaleza y darnos lo que necesitamos.

Por eso, la identificación temprana de este rasgo es vital, ya que saber cómo somos y cómo funcionamos es clave para gestionar este rasgo en beneficio propio y en el de la sociedad.

¿CÓMO SABER SI SOMOS PAS?

Para considerarnos PAS, debemos cumplir cuatro características básicas: procesamiento profundo de la información, sobreestimulación, percepción de las sutilezas de los estímulos sensoriales y reactividad emocional y empatía.

Para averiguar si eres una persona altamente sensible, puedes entrar en la web de la doctora Aron y hacer el test PAS oficial,[7] que se basa en estas cuatro características.

Características principales

No todas las PAS estamos cortadas por el mismo patrón. Al igual que nadie es idéntico a otra persona, cada una tiene sus particularidades.

Estas son algunas de las características con las que puedes sentirte identificado como PAS:

- Mayor sensibilidad a los ruidos, las luces brillantes y los tejidos que pican o molestan.
- Gran capacidad creativa: gusto por el arte, la belleza y la filosofía.
- Mayor tendencia a la colaboración.
- Problemas de la piel y alergias, sobre todo en situaciones de estrés.
- Cierta reactividad a productos químicos, como a los productos de limpieza.
- Reactividad a estimulantes como la cafeína, el azúcar, la teína...
- Sensibilidad a la evaluación: tendencia a actuar peor cuando nos sentimos observados o cuando hay un límite de tiempo para realizar una tarea.
- Necesidad de descansar con frecuencia, de aislarse, de buscar momentos para estar solo.
- Reacciones emocionales repentinas: llorar, reír o ambas a la vez.
- Necesidad de más horas de sueño: de ocho a nueve horas para estar totalmente operativos.
- Gran sentido de la justicia, de la moral, y altos valores éticos.

Las cuatro características principales
de las PAS

Elaine Aron define las cuatro características principales de
las PAS con el acrónimo DOES:

- *Depth of processing* – Procesamiento profundo de la
  información
- *Overstimulation or overarousal* – Sobreestimulación
- *Emotional reactivity and empathy* – Reacción emocio-
  nal y empatía
- *Sensory processing* – Sensibilidad sensorial

Procesamiento profundo de la información

Las PAS tenemos una capacidad perceptiva global y holística
que nos hace procesar de forma lenta y profunda la información que percibimos a través de los sentidos.

Estamos acostumbrados a recibir una gran cantidad de
estímulos diaria, ya que, como carecemos de un colador para
filtrar el mundo, nos sumimos a diario en un tsunami sensorial de información.

Para una PAS, lo que para cualquiera sería una conversación con su pareja equivale a veinte. ¿Veinte conversaciones?
Sí. Porque las PAS recibimos un 10 por ciento más de información respecto a quienes no son altamente sensibles,[8] y
como no tenemos un filtro para lo que percibimos del entorno, en una simple conversación, además del tono de voz,
leemos el lenguaje corporal. En otras palabras, escuchamos lo

que dice el otro, pero también lo que no manifiesta. Vemos cada mueca, cada gesto y sabemos cómo está el otro.

El sistema sensitivo de las PAS hace que hilemos más fino, por lo que somos capaces de ver más allá de lo obvio. Nuestro sistema de supervivencia quiere protegernos al captar un elevado número de estímulos, todos ellos de mayor calidad y procedentes de lo que nos rodea, para que tomemos las mejores decisiones.

Esta agudeza en la percepción actúa como un sistema de defensa y supervivencia que nos hace estar más atentos. Sin duda, es un regalo que la evolución humana otorga a las PAS, aunque viene sin manual de instrucciones y requiere algunos trucos para mantenerlo.

En un estudio de 1993 sobre los peces perca sol (*Lepomis gibbosus*),[9] se mencionan dos estrategias evolutivas. Los investigadores se dieron cuenta de que los peces, aunque estaban en el mismo estanque, tenían comportamientos distintos, y decidieron clasificarlos en dos grupos: los «atrevidos» y los «tímidos». Observaron que los peces de comportamiento atrevido se podían pescar con trampas. En cambio, los tímidos no caían en ellas, y solo podían capturarse con red.

A los tímidos les costaba adaptarse al laboratorio, por lo que, cuando estaban en el estanque, nadaban cerca de otros peces y huían de cualquier observador humano que se encontrara en el agua. Sin embargo, conforme se acostumbraban al laboratorio, los tímidos dejaban de comportarse de ese modo. Según las observaciones, tenían una respuesta adaptativa al ambiente en el que se encontraban, como las PAS.

En un ambiente seguro, los tímidos se mostraban atrevidos. En el estanque, los peces se sentían seguros, pero se dieron cuenta de que la densa población limitaba sus opciones para conseguir alimento. Los tímidos nadaron hacia aguas abiertas para buscar alimento y alentaron a otros peces para que hicieran lo mismo. Su estrategia podría parecer atrevida, pero, en ese contexto, era una rápida adaptación al ambiente, y tomaban la mejor decisión para asegurarse el alimento.

Los tímidos, en otros contextos, se mostraban más curiosos y exploraban más que otros peces, lo que sugería que tenían una mayor respuesta a los cambios.

Los que son capaces de reaccionar a los cambios adaptando su respuesta tienen una ventaja sobre los atrevidos, cuya respuesta de carácter biológico es única.

¿Adivinas qué tipo de peces somos las PAS? ¿Tímidos o atrevidos?

Teniendo en mente a estos dos tipos de peces, tanto en humanos como en otras especies del mundo animal, las principales estrategias evolutivas[10] respecto a cómo respondemos al entorno son:

1. **Respuesta lenta a los estímulos del ambiente**, comparando, consciente o inconscientemente, el presente con experiencias pasadas.[11] Esta estrategia requiere más observación y reacción. Las PAS estaríamos aquí. Nuestro comportamiento parece menos impulsivo. Tendemos a tomar menos riesgos, a revisar los daños y a captar todos los detalles sutiles, a observar y retirarnos para procesar la información. El resultado es una estrategia compleja que nos permite planificar una

acción efectiva con la ayuda de nuestro sistema de reacción emocional agudo, tanto para emociones positivas como negativas. El rol de la reactividad emocional facilita el aprendizaje y la memoria porque aporta un *feedback* y una valoración retrospectiva de las experiencias, lo que permite que los individuos de respuesta lenta adopten comportamientos atrevidos en ciertas situaciones. Adaptabilidad y flexibilidad, según el entorno.

2. **Respuesta rápida e impulsiva a los estímulos del entorno**. Una única respuesta o comportamiento.[12] Conductas rígidas y rutinas que no cambian, sin importar las posibles alteraciones en el entorno.

La gracia está en saber cuándo hay que comportarse como un pez tímido o como uno atrevido, dependiendo del entorno. Los peces tímidos utilizan un atajo o ruta alternativa que no todos son capaces de ver. Si todos vieran el atajo, este dejaría de serlo y se convertiría en una carretera con tráfico en hora punta.

La evolución que explica las diferencias de comportamiento entre las PAS y las no PAS es la forma de enfrentarse a la supervivencia. La naturaleza se encarga de que haya un equilibrio entre tímidos adaptables y atrevidos impulsivos.

Sobreestimulación

La sobreestimulación es una saturación del sistema de percepción sensorial. Somos como una antena de televisión con cincuenta canales, y disponer de tantos tiene sus ventajas e inconvenientes. Por un lado, puedes conectarte al canal de la realidad que más te interese y, por otro, puedes perderte zapeando.

Mientras hablas con tus amigos en un bar, puedes percibir por un canal sensorial otras conversaciones que fluyen a tu alrededor. Oyes el ruido del ambiente, atiendes a las palabras de tus amigos y a su lenguaje corporal; notas cómo se sienten, ves si muestran un cambio físico o en la ropa que llevan; oyes la música de fondo del bar, el ruido de la calle, te fijas en cada persona que entra por la puerta, estás atento a los gritos de la mesa de al lado, al camarero; notas los olores que provienen de la cocina, la temperatura del local, la brisa que cruza la puerta de la calle cuando se abre y se cierra...

Y quizá pienses que todos percibimos estos estímulos. Es cierto, los distinguimos, pero no todos sus matices ni al mismo tiempo. Imagínate que eres consciente de todo lo que sucede en el bar en el que estás con tus amigos y que no sabes hacia dónde dirigir tu atención. Te volverías loco. Sería como si estuvieras viendo la tele y, de repente, estuvieras ante una película de miedo, una comedia, un documental de osos polares y una receta de cocina a la vez.

La intensidad con la que percibimos estos estímulos de forma simultánea y con información de distinta índole provoca que, con frecuencia, nos saturemos y tengamos que calmar nuestro sistema nervioso sensible. La atención selectiva se puede entrenar, pero si no somos conscientes de lo que nos ocurre nos sentimos apabullados por toda esta información.

Cuando nos sobreestimulamos, estamos más irritables, de mal humor, nos sentimos sin fuerzas, cansados y con la sensación de tener la mente nublada. Quizá nos duele la cabeza y queremos acostarnos.

Reactividad emocional y empatía

En el mundo de las PAS, tanto las emociones negativas como las positivas se viven con intensidad. Estamos inmersos en el contagio emocional.

Unas neuronas se encargan de ayudarnos a entender el sentimiento o la experiencia de otra persona a través de sus acciones, lo que nos permite percibir el estado emocional de los demás. Se conocen como «neuronas espejo» porque nos ayudan a comparar nuestro comportamiento con el del otro, es decir, actuamos como un espejo para entender qué le pasa.

¿Alguna vez has estado con alguien que ha empezado a reírse a carcajadas y te ha dado la risa sin saber cuál es la causa? ¿Quizá alguien rompe a llorar y, de repente, te caen unas lágrimas mejilla abajo?

Y no hablemos de los bostezos. No sé si te pasa, pero me es imposible no bostezar cuando alguien lo hace; es contagioso,[13] aunque se tape la boca con las manos. Es más, al escribir la palabra «bostezar» abro la boca sin remedio, y quizá tú, al leerlo, también. Es inevitable.

Podemos echar la culpa a las neuronas espejo. Todos las tenemos, pero en las PAS están mucho más activas, por lo que captan los comportamientos y las emociones de los demás.[14] Es uno de los motivos de la gran capacidad empática que caracteriza a las PAS.

Así pues, captar la emoción y las sutilezas del comportamiento, junto con el procesamiento de la información y el cotejo de situaciones pasadas, hace que ponernos en el lugar de los otros sea una consecuencia natural.

Percibimos las emociones de los demás, leemos su lenguaje corporal y, de forma inconsciente, recibimos muchísima información de quien nos ayuda a conectar con ella de forma genuina.

La reacción emocional se da en actividades de la vida cotidiana que nos activan una alarma. Ver películas violentas, por ejemplo, puede ponernos el cuerpo en alerta porque vemos lo que sentimos como si estuviera ocurriendo en casa, no en una pantalla.

¿Alguna vez te han asustado? Quizá alguna vez te han sobresaltado de una forma tan impactante que tu cuerpo tardó unos minutos en recuperar el equilibrio. Ante una señal de peligro, la subida de adrenalina es tan intensa que nos sentimos como si estuviéramos huyendo de un depredador. A la mínima, nuestro sistema de seguridad se pone en alerta roja. Sustos, sirenas de policía o de ambulancias, sonidos que no controlamos, bebés llorando, gritos, conflictos...

Las reacciones emocionales son impulsivas. Primero notamos la emoción, como una ola tempestuosa, y después intentamos averiguar qué ha ocurrido. Muchas veces, al elaborar un discurso que explique esa situación. Incluso algo tan sencillo como ver las noticias puede provocar un altibajo de emociones, ya que recibimos muchísima información visual en muy poco tiempo, pues lleva una carga emocional asociada.

La reactividad emocional es como una montaña rusa de emociones. Ahora estamos arriba, eufóricos y contentos; luego abajo, apáticos y tristes. La velocidad cambia, pasamos de ir a toda velocidad a que el vagón se detenga en lo alto de la atracción.

Cuando sientes a flor de piel las emociones de los que te rodean y no estás en contacto con tus sentimientos, es fácil que confundas dónde empiezan las emociones de los demás y dónde acaban las tuyas.

Reaccionar en lugar de responder hace que de vez en cuando se nos vayan las cabras al monte y perdamos los papeles. Ser conscientes de lo que nos pasa y saber por qué es clave para encontrar soluciones a nuestra medida.

Sensibilidad sensorial

Las PAS somos capaces de captar detalles que pasan desapercibidos a la mayoría porque nuestro sistema neurosensorial está más desarrollado. Percibimos los cambios en el entorno y en los demás.

Captamos detalles sutiles en el comportamiento de las personas, en su ropa, en su estado de ánimo, en su lenguaje corporal, en los cambios que experimenta su cuerpo, en cómo nos tratan o tratan a los otros... Detectamos la tensión y el conflicto.

También percibimos detalles en los animales o en otra criatura. Sé cuándo mi gato está enfadado conmigo, cuándo maúlla porque pide comida o cuándo desea mimitos. Reconozco la necesidad en su voz, o noto, sin ser plenamente consciente, si come menos o se le cae más pelo.

Los estímulos sutiles también pueden proceder del entorno, por ejemplo cuando adviertes que las hojas de una planta han cambiado de color o ves algo distinto en una habitación.

Muchas veces sabemos que algo pasa. Somos capaces de interpretar el lenguaje no verbal de las personas, y en nuestra cabeza creamos una historia para encontrar una explicación a lo que percibimos. Sin embargo, en la mayoría de las ocasiones, la historia que nos contamos poco tiene que ver con la realidad. La razón es que solo hemos recibido un estímulo o una información que nos ha inducido a pensar que algo sucede, pero no tenemos una causa concreta, solo el efecto provocado.

Una de las típicas conversaciones que solía tener con mi pareja era aquella en la que le preguntaba qué le pasaba porque había percibido ciertos estímulos sutiles. Recuerdo que, cuando lo hacía, él se ponía negro —y con razón— porque yo presuponía lo que le ocurría y hacía un diagnóstico. Digamos que me lo guisaba y me lo comía sola, cuando debería haber dicho algo así como: «Creo que estás serio, te noto el cuerpo tenso. ¿Es posible? ¿Quieres compartir algo conmigo?». El caso es que empezábamos unas discusiones en bucle y no había manera de salir de ahí.

Y es que lo habitual es pensar que nuestras conclusiones son acertadas porque percibimos algo que creemos que es cierto. Sin embargo, notar algo en el ambiente no significa que sepamos de dónde viene ni qué ocurre. Solo vemos unas miguitas en el suelo, como Hansel y Gretel, y no sabemos cómo han llegado hasta allí.

Presuponer es, pues, nuestro peor enemigo, aunque tengamos la buena intención de descubrir la causa. Debemos preguntar sin juzgar. Si lo hacemos, llegaremos al origen; si asumimos, nos acercaremos al error. No somos magos, solo perceptivos, y percibir no es lo mismo que saber.

PAS INTROVERTIDAS VS. PAS EXTROVERTIDAS

Como ya se ha dicho, alta sensibilidad se relaciona con la introversión, ya que el *modus operandi* de las PAS es similar al de los peces tímidos: observan primero y actúan después. Pero nada más lejos de la realidad.

Sabemos que un 30 por ciento de la población es altamente sensible, pero de ese porcentaje un 30 por ciento somos extrovertidos y un 70 por ciento, introvertidos.

Cuando se habla de las PAS de manera generalizada, se suelen comentar las características que definen a la mayoría, es decir, a los introvertidos.

Como veremos más adelante, las PAS extrovertidas poseemos una serie de rasgos peculiares. Buscamos sensaciones, funcionamos con fascinaciones oscilantes y, para no saturarnos, debemos equilibrar la sensibilidad con la curiosidad genuina y la sociabilidad.

PROBLEMAS COMUNES

En *El arte de la empatía*[15] explico con detalle los problemas más comunes de las PAS, e incluyo más de cincuenta ejercicios y técnicas para gestionarlos a diario. Para nuestra estabilidad mental y emocional, es clave adquirir ciertos hábitos saludables y emplear herramientas que nos permitan convivir con la sensibilidad, mantener un sistema de conexión saludable, calmar el sistema nervioso y gestionar la sobreestimulación.

Percibir todos los detalles que nos rodean hace que nos sintamos muy cerca de los sentimientos de los demás, hasta el punto que los confundimos con los nuestros. Puede parecer que somos mujeres u hombres orquesta con frecuentes altibajos emocionales, que muchas veces se deben a la emoción que nos transmiten los que nos rodean. Todo esto nos afecta al humor y a cómo nos sentimos.

Tendemos a complacer a los demás. Empatizamos de forma natural y creemos saber qué hay que hacer para que el otro se sienta mejor. Si actuamos sin autoempatía o sin tener en cuenta nuestras necesidades, nos perdemos en el rol del salvador mientras intentamos rescatar a los demás de sí mismos.

En esa atención plena hacia los demás, nos aseguramos de que, si ellos están bien, las emociones que recibiremos nos parecerán agradables. Pensamos que, si atendemos a sus necesidades, conseguimos un equilibrio emocional. En parte es así: si quienes me rodean están bien, no me llegan emociones negativas.

El problema es que no controlamos las emociones de los demás. Por lo tanto, si queremos estar bien, debemos gestionar nuestras emociones para identificarlas y procesarlas.

Crítico interno

No puedo parar de dar vueltas a las cosas. Mentalmente, me repito conversaciones pasadas, como si pudiera reescribir el guion de mi vida al pensarlo.

Tengo una vocecita interior que me castiga por todo lo que tenía que hacer y no he hecho, o por lo que he hecho y no tenía que hacer. Me machaca. Esa voz dice: «No puedes hacerlo. ¿No ves que no eres capaz? Siempre fallas. Siempre te sale mal...».

Generar una relación de convivencia con nuestro crítico interior nos convierte en autoanimadores y destierra a esa voz al lugar saludable que le corresponde: nos hace mejores, nos permite pensar de forma creativa para solucionar problemas, ver los fallos y animarnos con la idea de que, con lo que hemos aprendido, la próxima vez sabremos por dónde empezar.

Percepción fina del dolor

A veces me tachan de hipocondríaca; es lo que conlleva la percepción fina del dolor. Noto la más mínima fibra deshilachada de mi cuerpo, cada golpe, cada tropiezo. Siento cómo aparece cada nivel de dolor, por superficial que sea. Lo noto y lo expreso más que la mayoría. No significa que sufra más, sino que soy consciente de los umbrales bajos de dolor, por lo que da la impresión de que cada día me molesta algo. Después de hacer deporte, siento las agujetas como cuchillazos en las piernas y casi no puedo moverme. Me pregunto si todo el mundo siente el dolor como yo.

No saber decir que no

Hay situaciones en las que, sin ayuda de nadie, me obligo a decir que sí porque «no me cuesta». Me veo haciendo cosas de mala gana porque quiero complacer y mantener una armonía que no depende de mí, aunque creo que en parte soy responsable de ello. Me olvido de mis necesidades y acabo con un sinfín de obligaciones que me drenan la energía y que en realidad no quiero asumir, pero las hago para evitar el conflicto.

Sobresaturación

Me saturo en las fiestas y en lugares con mucha gente, sobre todo si no la conozco. El cuerpo se me tensa, me duele la cabeza, veo borroso, me canso y, a veces, me pongo de mal humor. Para mí, una fiesta ideal es aquella en la que hay un grupo reducido de personas con las que charlar y mantener conversaciones profundas. Me gustan las relaciones con sentido, más allá de la superficialidad, de corazón a corazón. ¿A ti no?

Cuando viajo en metro, me pongo los cascos e intento eliminar el máximo de estímulos para que mi atención se centre solo en algunos. Observo a la gente sentada en el vagón y veo a las parejas discutir o reírse, como en una película muda. Huelo las meriendas, los perfumes y los desodorantes. Al salir, me doy cuenta de que he dejado una parte de mi energía en el vagón y que va de camino a la siguiente estación.

Entro en sobreestimulación, a veces sin darme cuenta, en

la vorágine de la vida diaria. Cuando veo que estoy a punto de saturarme, me doy un tiempo para parar, pues lo necesito. Una bañera, un té caliente, caminar por el bosque... Repongo fuerzas para asentar todo lo que me ha sucedido ese día.

Montaña rusa de emociones

Los sentimientos me llevan de cabeza. Los vivo de una forma tan intensa que, en ocasiones, se apoderan de mi racionalidad. Para lo bueno y para lo malo, mi conexión con los demás es muy fuerte. A veces me dicen que soy «intensa». Cuando siento un vínculo instantáneo con alguien, la curiosidad se apodera de mí. Quiero saber más, quiero conocer al ser humano que tengo delante.

Cuento con amistades honestas y duraderas que están siempre al pie del cañón, aunque también con amistades tóxicas en las que doy más de lo que recibo, hasta que advierto que hay algo en ellas que no es saludable y que me satura y drena mi energía.

PAS: SALTO A LA FAMA

Con el descubrimiento de las PAS en la década de los noventa, se comprobó que había un rasgo de la personalidad del que hasta el momento se sabía poco o nada.

Desde entonces se ha divulgado mucho sobre este rasgo y ahora empezamos a ser conscientes de que en el mundo hay un 30 por ciento de PAS que, a nivel neurológico, tenemos un cableado distinto.

Como con cualquier descubrimiento, podemos echar la vista atrás e identificar a distintas personas que tuvieron y tienen este rasgo. Ha habido cientos de miles de PAS a lo largo de la historia, figuras de carne y hueso que eran altamente sensibles pero que, por desconocimiento, no se habían podido identificar.

Con la publicación de la novela *Aquitania*, ganadora del premio Planeta 2020, se ha comprobado que algunos personajes históricos quizá fueron PAS, como Luy en la novela.

Ha habido y hay muchas PAS o empáticas conocidas, como Albert Einstein, lady Di, Jane Fonda, Jane Goodall, Nicole Kidman, Greta Garbo, Katherine Hepburn, Martin Luther King Jr., Alanis Morissette, Ed Sheeran, Larry King, Oprah Winfrey, Mel Gibson, Cate Blanchett, Eleanor Roosevelt, Emma Stone, Abraham Lincoln, el dalái lama, la madre Teresa de Calcuta, Isaac Newton, Thomas Alva Edison, Woody Allen, Steve Martin, etc.

Se sabe que las personas altamente sensibles son muy creativas, dado que absorben las diversas sutilezas de la realidad. Por eso muchas PAS son artistas, actores, científicos, escritores, periodistas...

Debido a nuestro procesamiento profundo de la información, captamos sutilezas que, al aprender a usarlas, nos hacen destacar en las tareas que tengamos entre manos. No es una sorpresa que las PAS brillemos en campos como las artes, la innovación y la ciencia, o en profesiones caracterizadas por la creatividad y conectar con otras personas a través de la emoción.

Las personas creativas tienden a ser tanto extrovertidas como introvertidas, siendo uno de los rasgos más prominentes de los artistas y los creativos.

ALTAS CAPACIDADES

Las personas con altas capacidades (el 2 por ciento de la población) son sensibles a los estímulos del entorno. Eso no significa que todas las PAS (el 30% de la población) tengan altas capacidades (2 por ciento de la población), aunque las investigaciones indican que estas personas son, en su gran mayoría, altamente sensibles.[16]

Las personas con un alto coeficiente intelectual presentan una alta reactividad a los estímulos sensoriales, así como la tendencia a responder a estos estímulos de forma intensa tanto a un nivel interno como externo, algo que tienen en común con las PAS. Estas características entran dentro del concepto de sobreexcitabilidad.

Sobreexcitabilidad

Según Dabrowski,[17] psiquiatra y psicólogo polaco que desarrolló la teoría de la desintegración positiva,[18] existen cinco tipos de estímulos de sobreexcitabilidad.

La sobreexcitabilidad (*Overexcitability*, OE, por sus siglas en inglés) se expresa en la sensibilidad, la intensidad y la conciencia del entorno, lo que hace que vivamos de forma intensa y apasionada.

Dabrowski creía que el conflicto y el sufrimiento interno eran necesarios para un desarrollo avanzado del individuo. Dicho desarrollo humano nos permite avanzar en una jerarquía de valores basados en el altruismo.

Si una persona manifiesta alguno de los tipos de sobreexcitabilidad que veremos a continuación, sus experiencias vitales a veces estarán ligadas a una gran alegría, pero en otras ocasiones experimentará una gran frustración. Por lo tanto, tenemos que celebrar la parte positiva de la sobreexcitabilidad, si bien también tenemos que gestionar la parte negativa.

Según Dabrowski, hay cinco tipos de sobreexcitabilidad en los que las PAS podemos sentirnos identificadas:

1. Sobreexcitabilidad psicomotora

Se relaciona con el sistema neuromuscular. Es la capacidad de estar activo y con energía.[19] Se manifiesta, por ejemplo, con el entusiasmo, una intensa actividad física, el habla rápida y una necesidad de acción.[20] Cuando nos sentimos tensos emocionalmente, podemos actuar de manera impulsiva, tener hábitos nerviosos y volvernos adictos al trabajo. Estas acciones surgen de una gran alegría, que se manifiesta en un entusiasmo tanto verbal como físico. Es posible que hablemos sin parar, por lo que muchas veces esta gran cantidad de energía se confunde con la hiperactividad.

2. Sobreexcitabilidad sensual

Se manifiesta como una experiencia elevada del placer sensual o la incomodidad sensorial (vista, olfato, tacto, gusto y oído). Los que tienen una OE sensual poseen una experiencia más expansiva de lo común en este ámbito. Muestran un gran interés por los placeres estéticos —como la música, el lenguaje o el arte—, así como un placer infinito a través de los olores, las texturas, el sabor, los sonidos y las imágenes. Debido a esta sensibilidad, pueden sentirse sobreestimulados o incómodos ante los estímulos sensoriales.

En situaciones tensas, tienden a comer de más, comprar de forma compulsiva o ser el centro de atención.[21] Otros quizá tiendan a evitar la sobreestimulación. A las personas con OE sensual les pueden molestar, por ejemplo, las etiquetas de la ropa, los ruidos en una clase o ciertos olores en una cafetería. No obstante, pueden abstraerse si disfrutan de una actividad que les encanta, como escuchar música o leer un libro. En estas situaciones, desaparece el mundo que las rodea.

3. Sobreexcitabilidad intelectual

Se expresa a través de la necesidad de encontrar la verdad y el entendimiento, adquirir conocimiento y analizar o sintetizar la información.[22]

Las personas con un OE intelectual tienen una mente muy activa. Son curiosos, lectores ávidos y grandes observadores. Son capaces de concentrarse y de entrar en largos periodos de esfuerzo intelectual. Son tenaces a la hora de solucionar problemas. Pueden realizar una planificación elaborada o recordar el más mínimo detalle visual. Se focalizan en la moral, que se traduce en valores de justicia y ética. Son personas de pensamiento independiente, por lo que se les puede considerar impacientes y críticos con los que no son capaces de seguir su ritmo intelectual. Su entusiasmo los lleva a interrumpir con frecuencia y en momentos inapropiados cuando tienen una idea en la cabeza.

4. Sobreexcitabilidad imaginativa

Se manifiesta a través del juego de la imaginación, una rica asociación de imágenes y un frecuente uso de metáforas. Disponen de gran facilidad para inventar y fantasear, así como de una visualización del detalle y sueños elaborados.[23] A menudo, las personas con OE imaginativa mezclan realidad y ficción. Crean cuentos, dibujan... Sin embargo, también les cuesta concentrarse cuando tienen una idea nueva y su imaginación los lleva por la tangente.

5. Sobreexcitabilidad emocional

La OE emocional suele ser la primera característica que se detecta. Sentimientos intensos, emociones complejas, identificación con las emociones de los demás y una fuerte expresión afectiva.[24] Otra característica es la manifestación física a modo de dolor de barriga, rubor por vergüenza o una excesiva preocupación por la muerte que puede provocar una tendencia a la depresión.[25]

Las personas con sobreexcitabilidad emocional poseen la capacidad de mantener relaciones personales profundas, así como una fuerte conexión emocional con las personas, los espacios y las cosas.

Son conscientes de sus sentimientos y de cómo crecen como personas. Muy frecuentemente mantienen diálogos internos y se juzgan.[26] Su compasión y preocupación por los demás hace que se focalicen en las relaciones, por lo que su intensidad sentimental puede interferir en las tareas cotidianas.

Como PAS, puede que nos sintamos identificados con alguna de las sobreexcitabilidades descritas, o con todas ellas. Entendernos es el primer paso para saber qué nos pasa, de dónde viene y cómo podemos gestionarlo para garantizar nuestro bienestar emocional, físico y psíquico.

Matilda *y la sobreexcitabilidad*

La película *Matilda*, producida y dirigida por Danny DeVito, basada en el libro de Roald Dahl del mismo título,[27] nos regala algunas escenas en que nos muestra las sobreexcitabilidades de Dabrowski.

Matilda Wormwood es una niña superdotada. Aprende a hablar a los dieciocho meses, con tres años es capaz de leer y con cinco ya hace cálculos mentales complejos.

Procede de una familia desestructurada donde cada miembro va por su lado. Desde pequeñita se da cuenta de que, cuando necesite algo, tendrá que conseguirlo por ella misma.

Matilda aprende a cocinar cuando apenas llega a la encimera, y todas las mañanas se prepara tortitas con sirope de arce para desayunar, para no tener que comer la sopa de lata precalentada que le deja su madre antes de irse al bingo. Decora la mesa con una flor recién cortada que coloca en un vaso con agua, mientras disfruta de la lectura y devora su desayuno. Cuando sus padres no están en casa, pone la música a todo volumen y baila encima de los sofás (OE sensual).

A Matilda le encanta aprender y, desde que descubre el maravilloso mundo que le ofrece la biblioteca —que le permite llevarse a casa los libros que quiera—, devora un ejemplar tras otro. Desde los tres años, cada semana va a la biblioteca y vuelve a casa con un sinfín de obras. Le apasiona aprender. Empieza leyendo la sección infantil de la biblioteca y, cuando se le queda corta, pasa a leer libros de adultos, desde novelas hasta libros de no ficción sobre Matemáticas, Derecho, Política, Filosofía... (OE intelectual).

Matilda tiene un alto sentido de la justicia y la moralidad que rige sus acciones. Se permite la licencia de «castigar» a sus padres cuando considera que no hacen lo correcto o cuando la culpan de algo que ella no ha hecho. Es su forma de rebelarse contra un sistema injusto, con el que convive tanto en la escuela como en casa.

Empieza a ir al colegio, donde establece una estrecha relación de igual a igual con su profesora, miss Honey. Con ella, Matilda comparte sus inquietudes y se muestra tal como es, además de que siente que alguien la ve (OE emocional).

Miss Honey cuenta a Matilda la historia de una niña que se escapó de casa de su malvada tía y que le alquiló a un granjero una casita que estaba rodeada de un jardín con flores. La profesora le cuenta su historia dentro de una familia que no siempre supo comprenderla, pero le muestra que ese relato tuvo un final feliz. A través de esta metáfora, Matilda descubre que la niña del cuento es miss Honey y aprende la moraleja de que, aunque su familia muchas veces no la comprenda, esa etapa es temporal y que llegarán tiempos mejores (OE imaginativa).

Entonces Matilda se da cuenta de que tiene poderes mentales. Cuando se enrabia, puede mover objetos con la mente. El maltrato verbal que sufre tanto en casa como en la escuela por parte de su familia y de la directora del centro, es el motor que utiliza para desarrollar su poder. Canaliza la rabia y el diálogo tóxico procedente de las críticas ajenas y de los insultos para aprender a controlar su poder (OE emocional).

Es una niña muy natural que se expresa con libertad y dice lo que piensa, por lo que, cuando se sobreexcita, habla rápido y con emoción. Un día, Matilda vuelve tarde del colegio porque un niño se ha comido su pastel de chocolate y la directora decide castigar a todos los niños, obligándolos a hacer horas extras de deberes hasta bien entrada la noche. Matilda llega sobreexcitada a casa y explica a sus padres, emocionada, por qué ha llegado tarde. Como su historia parece inverosímil, ellos no la creen. Se muestra en el habla rápida de Matilda y el entusiasmo con el que cuenta lo que le ha sucedido en la escuela (OE psicomotora).

Perfeccionismo y la capa de invisibilidad

¿Tienes que hacerlo todo perfecto? ¿Tienes muy altos tus estándares profesionales y personales? ¿Te preocupa fallar? ¿Eres muy estricto contigo?

Según un estudio de 2015,[28] hay una relación significativa entre algunos OE emocionales, como la sensibilidad y la intensidad, y el perfeccionismo.

El perfeccionismo es muy adictivo. Nos da la sensación de que, si somos perfectos, nos alejaremos de las críticas de los demás. Pero ¿sabes qué? No funciona.

Durante gran parte de mi vida me escondí detrás de la perfección sin ser muy consciente de ello. Pensaba que, si era la primera, destacaba, me esforzaba y daba lo máximo de mí, tendría un pase VIP para evitar la crítica.

La crítica de un compañero de trabajo, un mail que resonaba como gritos en mi cabeza... Me pasaba horas dando vueltas a lo que percibía como críticas. Algunas eran legítimas, válidas y valiosas, pero debería haber borrado muchas otras por ser insulsas, insignificantes e irreales.

Ver los detalles y percibir los estímulos sutiles no solo comporta desventajas, sino que permite saber dónde mejorar y dónde centrar tu foco de atención. Más a menudo de lo que queremos admitir, caemos en la trampa: si para los demás es bastante bueno, para nosotros es inaceptable o inadecuado.

Al tratar de evitar la crítica externa a toda costa, pasé por alto que yo era la más censora conmigo misma. Decidí pasar de perfeccionista desmesurada a práctica, y todo cambió. Mi perfeccionista desmesurada me decía: «Si lo haces perfecto, te apreciarán, te querrán y todos seremos felices y comeremos perdices». Era un discurso marcado por querer complacer y entregar mi valor como persona, el cual viene dictado por el resultado de lo que hago.

Mi perfeccionista práctica mantiene otro discurso: «Harás un buen trabajo, pulirás la superficie hasta que brille y sabrás cuándo tienes que abandonar o dar el trabajo por concluido». Es un discurso interno que coge fuerza en la autoestima y en querer hacerlo bien sin morir en el intento, confiando en mi criterio.

El perfeccionismo tiene una parte positiva que hay que cultivar y preservar. No se trata de deshacernos de partes de nosotros mismos, sino de convertirlas en aliadas en vez de verlas como unos matones que nos atemorizan y machacan en los callejones oscuros de nuestra mente.

Identificar todos los flecos en una situación evita problemas, nos permite anticiparnos y nos hace ser capaces de enderezar el rumbo.

Nos ponemos la capa de invisibilidad. Sin que nadie nos vea, pasamos desapercibidos, ajustamos los detalles que pueden provocar problemas y volvemos a nuestro sitio como si nada hubiera sucedido.

En el mundo real se premia a los héroes con capas visibles y mallas ajustadas que suben los brazos en señal de victoria cuando nos salvan del desastre. Sin embargo, nadie habla de los héroes invisibles que evitan el desastre antes de que se produzca. Las consecuencias de sus acciones no se ven. Por eso debes ser perfeccionista práctico por ti, para que te sientas satisfecho.

Establécete objetivos realistas, libérate de la necesidad de complacer, deja que la creatividad fluya por tus venas y acepta que, a veces, las cosas no salen como las planeas, pero no por ello son peores.

La validación externa no debe ser el motor de tus acciones. Quienes sepan apreciar tus dones se darán cuenta de tu labor y valorarán tu forma de ser y de hacer, pero el primero que debe ponerse manos a la obra eres tú.

Un día en el mundo de una PAS

Para empezar el día, desayuno. Mientras me acerco a la boca una cucharada de gachas de avena, oigo masticar a mi madre. A veces no me doy cuenta, pero en ocasiones oigo cada movimiento de los dientes y siento que ese ruido penetra en mis oídos como si hubiera una batucada en mi cerebro.

Aún recuerdo el sonido del reloj de cuerda que había en mi casa cuando era pequeña. En cuanto se acercaba la hora en punto, me preparaba para mi crispación horaria. Ese tic-tac estridente me ponía muy nerviosa. Podía oír el minutero y el segundero.

Después de desayunar, con el pijama puesto, me planteo qué ponerme para salir. Quiero estrenar unos vaqueros que me he comprado. Al ponérmelos, me doy cuenta de que aún no se han adaptado a mi cuerpo, porque los noto rígidos y apretados. Tras llevarlos un rato, siento que me pican por todas partes. Esas etiquetas tan largas... Me pregunto de dónde salen esos dos metros de tela que no tienen razón de ser. Con unas tijeras, elimino mi incomodidad, pero he cortado por las buenas y sé que los pelillos de la etiqueta me arañarán las piernas todo el día.

Cojo el coche y voy a comprar al centro de la ciudad. Nunca me ha gustado conducir; pasan demasiadas cosas a la vez. Tengo que prestar atención a lo que sucede fuera del coche, a los peatones y al resto de los vehículos, que parecen estar a una distancia más corta de la real. Por otro lado, tengo que estar atenta a la velocidad, al cambio de marchas y a los retrovisores. Me cuesta centrar mi atención.

Odio el olor a coche nuevo, a plástico de los vehículos

recién estrenados que, por alguna razón, no se va con nada. Incluso se me queda pegado a la ropa cuando me bajo.

Aparco con dificultades pensando que voy a chocar contra las columnas del garaje, pero consigo enderezar el vehículo; está torcido, pero en las líneas. Siempre me ha costado calcular las distancias. Creo que todo está muy lejos y me voy dando golpes con mesas y sillas, o pienso que todo está demasiado cerca.

Cuando estoy nerviosa y alborotada, mi sentido de las distancias se distorsiona; mis moratones en las piernas dan fe de ello.

Salgo del garaje y oigo el ruido de la ciudad. Veo los coches pasar, miro a los peatones. Algunos llevan mala cara, otros sonríen al teléfono. La vida de cada uno pasa ante mí y noto cómo se sienten y se mueve su cuerpo. Escojo mis barrios favoritos no por sus calles o por sus edificios, sino por el ritmo de la gente.

En el barrio de Gracia, en Barcelona, la gente camina con tranquilidad, y las calles peatonales permiten un ritmo de crucero. Los padres sacan a los niños a pasear y disfrutan con calma del paseo. Si me desplazo al centro, la velocidad es otra. Hombres y mujeres de negocios caminan a paso ligero, seguramente porque llegan tarde a una reunión. Me contagio de su velocidad y noto su ansiedad, un latido acelerado.

Barcelona tiene un olor particular. Una mezcla de hojas con polvo y restos del polen que los árboles dejan caer en otoño. En verano, parece que la brisa del mar y el olor a sol se apoderen del ambiente. Huele a hogar. Hay menos coches, la gente está de vacaciones y en las terrazas las tapas despiden aromas que llegan a todos los rincones.

Cada ciudad tiene su olor. Cuando vivía en Orlando y llegaba al aeropuerto, el olor a pollo frito de los establecimientos de comida rápida me daba la bienvenida. Ya había llegado. Podrían vendarme los ojos y sentarme en un avión: por el olor sabría en qué ciudad estoy.

Me pasa lo mismo con las personas que conozco. Sé cuándo cambian de colonia, cuándo llevan un champú distinto... Incluso sé si mis amigas han vuelto con su novio sin que me lo digan, ya que puedo distinguir el olor en su piel.

Ese olfato fino no me sirve de mucho, a no ser que quiera convertirme en Sherlock Holmes. A veces es una ventaja, en ocasiones es un superpoder que me agota. Cuando cojo el metro en verano, por ejemplo, es una pesadilla. Imagínate la mezcla de olores: sudor, colonia, comida...

Paso por la calle Pelayo con un tropel de personas que caminan en ambas direcciones. Me siento como en un videojuego, esquivando humanos a cada paso. Huelo un cóctel de colonias, maquillajes y jabones que salen de la perfumería de turno. Los aromas se entremezclan con el olor a pan recién tostado; huele a crepes. No sé si tengo hambre o si se me acaba de cerrar el estómago al imaginarme una crepe con sabor a perfume.

Oigo conversaciones por todas partes. Algunas me hacen sonreír, otras me ponen triste. A veces, solo con ver las caras ya sé qué sucede, aunque no sepa en qué situación se encuentra esa persona. El sentimiento llega como una ola y me arrastra. Me afectan las emociones de los demás, qué le voy a hacer.

Busco desesperadamente un lugar en el que haya paz. Una cafetería donde tomarme un *chai latte* y sentarme lejos del ruido de la ciudad. Entro en mi cafetería de siempre. Conozco todas las sillas, tanto las cómodas como las incómodas. Tengo mis rincones favoritos, me sé la carta y cada uno de los tés y batidos.

Estar familiarizada con un espacio me tranquiliza. Ya no estoy tan atenta a los detalles porque los conozco. En cambio, si cambian la carta, si la camarera lleva un corte de pelo nuevo o si han comprado unos boles de cerámica, me doy cuenta.

Al menos, en mi refugio de té especiado, los estímulos se atenúan porque todo me suena. Solo me fijo en lo que ha cambiado, aunque ni siquiera soy consciente de ello: lo hago sin más.

Hay unos chicos trabajando en la mesa de al lado. Es una mesa larga para compartir entre varias personas. La camarera les comenta que es la hora de comer y que, en ese momento, no se permite trabajar. Es comprensible. Después de todo, necesitan que las mesas se llenen y se vacíen, por lo que no quieren a un cliente que esté tomando un té durante cuatro horas. La chica de la mesa se ofende y empieza un conflicto dialéctico entre ellas. Aunque estoy en la mesa de al lado, mi refugio de paz desaparece. Noto la tensión en el ambiente. Me afectan las palabras desagradables que la clienta le propina a la camarera, que se limita a hacer su trabajo.

La injusticia me hace hervir la sangre. Antes, me habría puesto la capa de supermujer y habría salido en defensa de la justicia. Ahora, solo respiro hondo y hundo mi hocico en la taza de té, que me sonríe; al mismo tiempo, pienso que he aprendido a no salvar a los demás. Cada uno tiene sus asuntos y debe aprender a resolverlos.

Desde que he salido de casa, he pasado por todos los estados emocionales habidos y por haber: enervarme al oír cómo masticaba mi madre, olores agradables y desagradables, sonrisas y tristeza en la cara de la gente, injusticias indeseables, el ajetreo de los peatones...

Lo siento todo. La intensidad de los olores y de los ruidos, el tacto de la ropa, las emociones ajenas, su corporalidad, el sabor a té especiado... A veces, sentirlo todo te deja muy cansado. Es una vorágine que no acaba nunca. Los estímulos no cesan de llegar, sin previo aviso, por todas partes: a través del canal auditivo, de la vista, del gusto, del tacto y del olfato.

Si he llegado a aceptar algo es que siempre lo percibo todo, así que quizá sea hora de hacer algo productivo con ello. Frustrarme no me llevará a ninguna parte.

Creía que si lo controlaba todo y me anticipaba a lo que iba a suceder, podría minimizar el impacto de los estímulos. Lo cierto es que el control me volvía rígida, me convertía en alguien que se movía solo por seguridades. Ni siquiera quería cambiar los planes cuando surgía una opción mejor, ya que era nueva, no conocida, no segura.

Aprendí que hay ciertas cosas que dependen de mí. No controlo el hecho de recibir cientos de estímulos, eso sucede y ya; lo que me incumbe es qué hacer con ellos.

Elijo prestar atención a las inquietudes de quienes me rodean. Opto por sentir curiosidad, ser la persona que percibe los cambios y que los transmite. Escojo ser quien recuerda los detalles y valora y aprecia a los que quiere.

Me relaciono con personas que estimo y admiro, me alejo de aquellas con las que percibo una mala vibración o una mala intención. No seré más empática por tener relaciones no saludables con otros ni por ser la salvadora de los más necesitados.

En mi casa, decido crear espacios en los que me sienta cómoda. Tener mi espacio todo lo limpio y ordenado posible, para que mi carga visual sea menor.

Ser PAS es ser quien soy. Al aceptar mi naturaleza, me doy cuenta de todas las ventajas que conlleva. Las desventajas me las sé de memoria; sé cómo anticiparme y mitigarlas. Por lo tanto, he aprendido a vivir con ellas con tranquilidad, desde la aceptación. He dejado ir la frustración y he puesto todos mis sentidos a trabajar para alcanzar mi estabilidad emocional y mental.

Me alejo de ese modo supervivencia que me convierte en un Grinch viviente, que solo quiere quejarse y culpar a los demás de lo que le sucede. Entro en un espacio de autorresponsabilidad para tomar las riendas y ponerme manos a la obra, dispuesta a crear la vida que quiero.

Ahí he descubierto que mis cualidades perceptivas y sensitivas son de gran ayuda cuando estoy tranquila y me aseguro de tener mis necesidades cubiertas. En ese espacio de tranquilidad, la empatía brilla hacia mí y hacia los demás.

3

La empatía

La empatía es el hilo invisible que nos conecta como personas. Alguien empático es capaz de ponerse en los zapatos de otro. Nos ponemos en su lugar para pensar como él, para sentir como él y para imaginar que estamos en su situación.

La empatía reconoce que no solo hay un mundo, sino que nos rodean muchísimos, uno por cada persona. Somos distintos, vivimos experiencias personales que nos construyen, y a través de esas diferencias apreciamos nuestra humanidad.

La empatía te permite entrar en el mundo del otro como si fueras un invitado en casa ajena: no hay que olvidar los modales y deben seguirse las normas de ese lugar. En el mundo de los recuerdos y sentimientos del otro, debemos ser más respetuosos y delicados que cuando visitamos el nuestro.

Uexküll[1] decía que hay tantos mundos como animales en la naturaleza. No existe un mundo objetivo y regular para todos.

Este biólogo nos dejó un concepto interesante: el *Umwelt*.[2] Consideraba que los sujetos descubríamos el mundo a través de nosotros. Afirmó que debían tenerse en cuenta tanto la percepción (*Merkwelt*) como la acción (*Wirkwelt*), pues la suma de ambas daba como resultado el *Umwelt*, el mapa del mundo de cada uno, según lo que percibimos y hacemos.

A veces, como PAS, tendemos a ver el mundo, el *Umwelt*, como si fuera en el que viven otras personas. Si queremos que las personas a las que invitemos a él sean educadas y delicadas con lo nuestro, también nosotros debemos serlo con lo suyo. Escuchar y entender.

Tener un rasgo de personalidad con unas características un tanto atípicas no significa que los demás deban amoldarse a nosotros. Debemos entender nuestro mundo, comprender a los demás y mostrarnos como somos para que nos entiendan.

Muchas veces confundimos la empatía con la simpatía o la compasión. Alguien nos da pena o nos sabe mal que esté pasando por una situación concreta o que se sienta de cierto modo. La empatía es sentir con el otro y saber estar en el lugar exacto en el que se encuentra esa persona sin querer cambiar nada, solo acompañándolo con el sentimiento y con la escucha activa, arropándolo desde un punto de vista emocional, cognitivo y corporal.

AUTOEMPATÍA

El viaje de la empatía empieza en uno mismo. La autoempatía es la habilidad de ser conscientes de nuestra experiencia y, al mismo tiempo, saber diferenciarla de la de otra persona.

Esta es una habilidad clave que debemos desarrollar las PAS: empatizar con nuestros sentimientos, pensamientos y necesidades es la varita mágica que nos conduce a una comunicación fluida con el entorno y a una conciencia elevada sobre nosotros mismos.

Debido a la alta habilidad empática que tenemos, confundimos nuestro estado emocional, físico e incluso corporal con el de otras personas en cuanto recibimos información sensorial sobre ellas. La autoempatía nos permite diferenciar lo que ocurre a nuestro alrededor y lo que nos pasa por dentro.

Si no somos capaces de entendernos, nos costará comprender a los demás. Es esencial que conectemos con nuestro estado emocional y mental. Si sabemos qué nos pasa, seremos capaces de percibir qué sucede y podremos estar seguros de que lo que vemos en el otro no es una proyección de nosotros mismos. El primer paso para empatizar con alguien es hacerlo con uno mismo.[3]

Empatizar con uno mismo no significa autocompadecerse ni sentir lástima. Sin embargo, la compasión hacia uno mismo no está de más: debemos hablarnos con amabilidad, preocuparnos por nosotros y apoyarnos como lo haríamos con un buen amigo.[4]

Al cultivar la autoempatía parece como si tuviéramos un observador externo en nuestro interior que siente en tercera persona la experiencia que estamos viviendo y que es capaz de hacerlo de forma empática. Esta actitud suspende el juicio y está abierta a nuevas experiencias.[5]

Se trata de prestar atención a lo que nos sucede por dentro y reconocerlo. La atención autoempática aporta empatía afectiva y cognitiva. Es un recorrido por nuestro mundo interno que nos da la oportunidad de integrar lo que vivimos con las experiencias del pasado.[6]

Quizá te preguntes cómo puedes ser empático contigo. No hay una fórmula mágica, pero sí unos ingredientes sin los cuales no podrás lograrlo:

- Detente y respira cuando lo necesites.
- Conecta con tus sentimientos, tus pensamientos y tu cuerpo.
- Háblate con amabilidad, elimina el juicio interno que te hiere por dentro.
- No te compares con los demás.
- Perdónate.
- Deja ir y acepta lo que no puedes cambiar.

Sin autoempatía, podemos sumirnos en un camino de proyección, de contagio emocional y de desconexión que nos separe de los demás. Toda empatía empieza por uno mismo, ya que es el mantenimiento necesario para que aflore. La autoempatía nos permite sentir felicidad interna y hablarnos con amabilidad, sin la necesidad vital de buscar la empatía y la validación fuera de nosotros.

EMPATÍA HACIA LOS DEMÁS

La empatía tiene una razón de ser evolutiva. Cuando cazaban en el bosque, nuestros ancestros leían el lenguaje corporal de los demás miembros de la tribu para saber si los acechaba algún peligro. Tanto es así que podían reaccionar automáticamente sin cruzar palabra.

En los rituales y bailes alrededor del fuego, la empatía

kinestésica generaba una conexión entre los miembros del clan, y se generaba un sentimiento de pertenencia al grupo gracias a los movimientos sincronizados que realizaban al son de la música.

La empatía nos permite comprender a alguien a nivel emocional, cognitivo y conductual. Este entendimiento podríamos usarlo para diferentes fines: positivo, para conectar con alguien; negativo, para manipular o dañar a otros. La intención y la motivación, por lo tanto, son claves.

Competencia vs. compartir

Vivimos acompañados de la necesidad de compararnos con los demás, ya que queremos parecernos a las personas que admiramos o envidiamos. Esta competencia constante nos aleja de los ambientes empáticos en los que podríamos sacar a relucir nuestros dones y habilidades.

Si nos centramos en alcanzar los logros de otro o en demostrar los que nosotros tenemos para llegar a una meta, siempre necesitaremos esa competencia si queremos crecer y ser mejores, ya que estaremos mirando fuera de nosotros: qué hace esa persona o qué dice la otra. En definitiva, nos centraremos en ver cómo es la realidad para los demás.

Si nos alejamos de la competencia y nos relacionamos con el fin de compartir, todo es distinto, pues se produce un verdadero intercambio de información, de habilidades. Estaremos creando con otras personas. Seremos capaces de apreciar los recursos y las habilidades de los demás y, a su vez, podremos aprender de ellos y ellos de nosotros.

El foco es interno. Elegimos qué queremos hacer y cómo. Decidimos qué significado otorgamos al éxito y a la satisfacción. No hay una persona igual que otra, pero nos unimos al compartir conocimientos, pensamientos y sentimientos. Somos capaces de ser uno.

Auténtico colectivo

En *El arte de la empatía*[7] hablaba de la tribu del alma, el auténtico colectivo al que perteneces: la familia que escoges, las personas con las que decides compartir tu vida y con las que te sientes uno más, aquellas con las que no debes cambiar nada de ti para que te acepten.

Son las relaciones saludables, los compañeros del alma con quienes podemos reír a carcajadas y llorar a mares. Nos quieren tal y como somos. No sentimos la necesidad de protegernos o de esconder aspectos que, probablemente, no serían aceptados. Nos quieren con nuestra marca de locura particular, la que nos hace ser quienes somos.

En septiembre de 2020, asistí a un retiro de formación en *coaching* que se impartía en la Fundació La Plana, en Santa Maria d'Oló, un espacio de comunidad en el que todo el mundo es bienvenido. Los compañeros nos habíamos conocido online, a través de interminables llamadas por Zoom, en un curso que debía ser presencial pero que, por la pandemia, tuvo que hacerse a distancia. No sabíamos cómo se llamaban nuestros padres ni a qué universidad habíamos ido, pero teníamos algo en común: nos habíamos conocido como personas.

Desde la distancia, fuimos capaces de crear un espacio

auténtico en el que podíamos ser quienes éramos sin que nos juzgasen. Éramos personas muy distintas, con aciertos y fallos, pero en nuestro pequeño grupo no nos daba miedo mostrarnos.

Nos apoyábamos y compartíamos preocupaciones y miedos. Podíamos ver los dones y habilidades del otro, ya que, arropados entre nosotros, cada uno tenía espacio para brillar. En aquel grupo de WhatsApp —«Tribu del alma», un pequeño remanso de paz y empatía—, Vanesa compartía cada mañana una foto de la ciudad tomada desde las montañas por las que caminaba. Con ese saludo matutino con el que nos enseñaba desde dónde veía el mundo ese día, también nos mostraba quién era ella.

Gemma escribió este mensaje en el grupo:

> Hola, tribu. Os comparto esta foto que significa mucho para mí y es uno de los propósitos que tenía para este año. Ayer, después de un año y medio, volví a salir en bicicleta. Sobre estas dos ruedecitas, he visto los mismos paisajes pasar de invierno a verano, he reído, he llorado, he sufrido, he tenido conversaciones profundas y he conocido a gente bonita. Vosotros y septiembre en La Plana tenéis un trocito de culpa, así que gracias.

Todos sentimos que formamos parte del camino del otro, nos apoyamos, estamos ahí para sacar los pompones y celebrarnos o, si se tercia, darnos la mano y levantarnos del suelo.

Gemma compartía sus paseos en bici; Vanesa, sus caminatas matinales por la montaña, y yo me sentía libre de hablar con ellos sobre mis luchas y logros en el mundo de la escritura, tanto de mis ideas como de mis bloqueos, de celebrar quiénes somos y apoyarnos entre nosotros porque la comunidad, la tribu del alma, se caracteriza por el apoyo mutuo, gracias al cual somos capaces de ver a la persona que hay tras esa capa de piel que nos protege.

El entorno y las personas con las que nos relacionamos a diario tienen un impacto directo en nosotros. Como peces tímidos que somos, nos adaptamos a los que nos rodea, pero ¿y si ese ambiente no es óptimo para nosotros? Debemos plantearnos qué queremos y qué no queremos en nuestro entorno, así que tenemos que evaluar las relaciones a todos los niveles.

Sin ser conscientes, y más a menudo de lo que nos gustaría admitir, nos rodean personas tóxicas que minan nuestra autoestima, nos drenan y reciben de nosotros más de lo que nos dan.[8] Atención a estas relaciones de doble filo, pues son perjudiciales.

Ser capaces de expresar lo que precisamos, reconocer que estamos saturados o que necesitamos descansar, decir que no iremos a la fiesta del domingo porque el plan no va con nosotros... Debemos ser fieles a lo que deseamos, ya que la tribu del alma nos entenderá, y aceptará cómo somos y qué necesitamos.

Si aún no tienes una tribu del alma en la que aflore tu auténtico yo, la encontrarás al cubrir tus necesidades y hacer lo que necesitas: retoma una afición, realiza actividades, pregunta todo lo que te crea curiosidad, sé amable y auténtico con toda persona que te cruces... Ser tú es la mejor manera de encontrar tu tribu.

Ubuntu: la esencia de ser humano

Los que domináis la tecnología quizá hayáis pensado que íbamos a hablar de *software*. Ubuntu es un sistema operativo de Linux en *open source*, es decir, cualquier persona puede utilizarlo libremente; es gratuito, se puede contribuir a su desarrollo y, además, compartir los avances individuales de la herramienta para el bien y el uso de la comunidad.

La palabra «*Ubuntu*» proviene de la frase en zulú «*Umuntu ngumuntu ngabantu*», que significa: «Una persona es una persona a través de otras personas».

Es una palabra muy arraigada en la filosofía humanista, la espiritualidad y la ética africana. Desde la perspectiva de la empatía, es clave para entender que la humanidad personal está atada a la comunidad. Todos somos uno. Ser una persona con *Ubuntu* es ser abierto, hospitalario, generoso, amable, estar disponible para los demás, dispuesto a compartir y apoyar los dones de la comunidad.

Ubuntu es la esencia de ser humanos. Lo somos, libres de mostrar nuestra vulnerabilidad, y sabemos que pertenecemos a una comunidad. Nos sentimos oprimidos cuando humillan a otros, los oprimen o los tratan o menosprecian como a seres inferiores.

La comunidad es el espíritu

Siempre he pensado que las relaciones personales que mantenemos a lo largo de la vida tienen una misión. No están ahí para que alcancemos la felicidad, sino para enseñarnos y aprender.

A veces lo hacemos a través del sufrimiento, cuando nos damos cuenta de que esas relaciones no nos convienen o vemos que otras nos nutren y son un alimento necesario para nuestra esencia.

La comunidad, tu tribu del alma, no solo se caracteriza por reconocer tus dones y habilidades, sino que también contribuye a que seas consciente de ellos y los desarrolles.

Hablo indistintamente de espíritu, alma o esencia para referirme a esa parte de nosotros que, si la perdiéramos, nadie nos reconocería. Son los ingredientes secretos de la receta que hace que tú seas tú.

Las personas que más te han retado, incluso las que te han provocado mayores dolores de cabeza, te han ayudado a descubrir tu don, esa esencia que sale en forma de habilidad. Para Billy Elliot es bailar; para Picasso, crear, ya sean cuadros o platos de cerámica; para Gabriel García Márquez es escribir; para Karlos Arguiñano, cocinar; para Alanis Morissette, cantar...

No hay dones de primera y de segunda. No hay límites para tu don. Todos somos artistas en lo nuestro. Es tan don que se te den bien los números como que seas un manitas, siempre que esa disciplina te haga levantarte con ganas cada mañana. No es una tarea, es un propósito.

Puede que aún no hayas descubierto tu don o que acabes de empezar a seguir las pistas que te llevan hacia él.

Cuando estás menos seguro de ti o de tu don, la comunidad te arropa y te recuerda qué has venido a hacer al mundo, cuál es tu esencia. La comunidad es el espíritu que, a veces, olvidamos.

Tu tribu está formada por las personas que te recogen del

suelo cuando te caes, pero también por las que te aplauden y te admiran cuando subes la montaña más alta. Saben quién y cómo eres, sin importar si estás a ras de suelo o tocas las nubes.

Una comunidad es clave para la salud mental y emocional. Para las PAS, es aún más importante, ya que el entorno nos afecta muchísimo. Rodearnos de individuos a los que admiramos y de los que aprendemos es vital para desarrollar habilidades, compartir ideas y dar y recibir de forma igualitaria.

En la tribu de los dagara, Burkina Faso

Sobonfu Somé fue una de las voces más notables de la espiritualidad africana. Falleció en enero de 2017, pero nos dejó un legado de enseñanzas que aprendió de su tribu, los dagara, en Burkina Faso.

Estaba convencida de haber nacido en el lugar más rico del mundo, dada la sabiduría de un pueblo que nutre y llena el alma de sus miembros.[9]

Para Somé, el poder del individuo no puede desvincularse de la comunidad, ya que esta protege a la persona y le permite desarrollarse.

En una comunidad donde no hay agua ni habitaciones privadas, todo se comparte. «Todo lo que tienes pertenece a todos, incluso los hijos».

Somé comentaba que entre los dagara hay cientos de padres, madres y hermanos que educan, cuidan y velan por la comunidad. Se vive así en todos los sentidos. Cuando alguien tiene un problema, lo comparte. Se considera que, si alguien sufre, la voz de la comunidad muestra que algo ocurre en el tejido social. No es un problema individual.

Decía Somé: «En Burkina Faso decimos que cuando hay un problema, los ancestros estimulan el trabajo de esas personas para que puedan descubrir su don».

Encontrar tu comunidad, tu tribu, es el soporte necesario y el apoyo cálido que todos necesitamos para brillar con luz propia. Pero sobre todo es lo que nos permite desempolvar esas habilidades que tenemos, esos sueños que son visibles para los demás, pero que pueden pasar totalmente desapercibidos para nosotros.

¿Para qué sirve la empatía?

No somos empáticos porque sí. Siempre hay una razón por la que actuamos de ese modo, ya sea la supervivencia, la adaptación al entorno o querer entender cómo se sienten los demás para responder adecuadamente a una situación.

La empatía se asocia a ser seres sociales, ya que muchos estudios científicos[10] demuestran que existe una relación entre la empatía y el altruismo o la necesidad de ayudar a los demás. En cambio, un mal uso de esta deriva en comportamientos amorales y en manipular a otros.

Si nos sentimos entendidos o empatizamos con una persona, los centros de placer del cerebro se iluminan, ya que la empatía hace que nos sintamos bien y aumenta el nivel de intimidad. Por el contrario, el hecho de no ser comprendidos puede ser dañino para la relación, lo que nos conduce a un camino de aislamiento y soledad.

Empatizamos con los bebés de forma natural: imitamos sus movimientos y sonidos, nos comunicamos con ellos chocando las palmas... Mantener esta empatía kinestésica hace que sus centros de placer se iluminen.

Cuando recibimos empatía de otras personas y somos empáticos con ellas, el cuerpo segrega oxitocina, «la hormona del amor», y serotonina, «la hormona de la felicidad».

Entonces ¿por qué se nos olvida que la empatía es inherente en el ser humano y la practicamos tan poco? A medida que crecemos, somos más conscientes de nosotros mismos, el ego toma las riendas y nos preocupamos más por salirnos con la nuestra, por opinar y por que los demás no se salgan con la suya.

La empatía permite crear un espacio de seguridad donde todos los miembros del grupo podemos opinar, y se acepta, valora y escucha lo que decimos. De este modo, somos capaces de encontrar la mejor estrategia o solución que englobe las distintas perspectivas propuestas.

Conexión humana genuina

Estamos programados para comunicarnos, compartir y mantener relaciones sociales. La conexión humana genuina se establece a través de la curiosidad y la empatía, para saber qué sucede en el mundo de la persona que tenemos al lado.

Esta conexión nos permite dejar aparte el juicio y las ideas preconcebidas al comunicarnos, con el fin de descubrir y entender otras perspectivas que enriquezcan la visión que tenemos del mundo, aunque sean opiniones contrarias a las nuestras. No se trata de convencer o cambiar al otro, sino de entenderlo con sus sentimientos, circunstancias y pensamientos.

Actuar desde la amabilidad, la empatía y la ausencia de juicio nos permite ser auténticos, es decir, mostrarnos tal y como somos. La empatía se da y se recibe, pues no podemos exigir que los demás nos comprendan por ser quienes somos si repartimos juicios allá donde vamos.

Preguntemos, despertemos la curiosidad por conocer al otro. Sin darnos cuenta, con este interés crearemos libertad para, poco a poco, mostrarnos sin miedo a ser vulnerables.

Piensa en una persona con la que conectaste a un nivel profundo, alguien que fue capaz de ver más allá de tu aspecto... Esa fue una relación de conexión genuina.

Quizá te venga a la mente un profesor que creyó en ti y recuerdes vuestras conversaciones y cómo te hizo sentir. O puede que fuera un jefe que te ofreció el apoyo y la libertad que necesitabas para trabajar a tu manera, siendo tú, sin tener que vender tu alma al diablo.

Rodéate de quien crea en ti y conviértete en una de esas personas para los demás. Confía en ti, pero también en que los demás disponen de sus habilidades y recursos, por lo que son capaces de hacer todo lo que se proponen. Aprende de las realidades de los demás, porque eso nos hace más ricos y, a su vez, contribuimos a que sean conscientes de su riqueza humana.

Escucha activa

¿Cuántas veces, mientras hablamos con alguien, nos bombardean cientos de pensamientos ajenos a esa conversación? Nos preguntamos qué cenaremos hoy, si tenemos que ir a comprar, cuál era el título de la película que queríamos ver...

En un segundo, desconectamos de lo que nos dice, por lo que asentimos y sonreímos como si siguiéramos el discurso. En el mejor de los casos, nos interesa la conversación, pero nos preocupa tanto lo que vamos a decir a continuación que no atendemos a lo que nos dice el que tenemos delante.

Escuchemos no solo con los oídos, sino con todo el cuerpo. Observemos la información de la charla, ya que es un gran ejercicio de atención. Además, las PAS recibimos toda esa información adicional, así que ¿por qué no utilizamos las interacciones sociales para prestar atención real e interesarnos por la otra persona?

Todos hemos vivido la situación en la que estamos conversando con alguien que, de vez en cuando, consulta el reloj. Con alguien que nos mira a los ojos mientras hablamos, pero su cabeza está en otra parte, separada del cuerpo.

Sentimos que no importamos, nos encontramos vacíos. Pensamos que al otro lado nadie sostiene el espacio que necesitamos para ser escuchados y sentirnos comprendidos.

Queremos que nos escuchen, pero rara vez lo hacemos nosotros. El cambio empieza en uno mismo, no hay forma más rápida y efectiva de dar la vuelta a la situación.

Resolución de conflictos

Los conflictos son el pan de cada día. Estamos en desacuerdo, nos enfadamos, no nos entendemos..., ¿por qué?

Miles de veces nos quedamos en la superficie del problema y, sin entender el enfado ni el desacuerdo, intentamos meter nuestra opinión a martillazos en la cabeza del que tenemos enfrente.

Esto solo hará que el conflicto aumente, ya que no entendemos qué pasa en el mundo de esa persona ni somos capaces de expresar nuestras necesidades.

Te pongo un ejemplo: tú te encargas de poner las lavadoras y yo de lavar los platos. Esta semana no has hecho la colada y yo me siento frustradísima. Había metido en el cubo de la ropa sucia una camisa que pensaba ponerme para la reunión, y ahora no la tengo limpia. Estoy furiosa y lo primero que me sale de dentro es echarte la bronca cuando llegues a casa, porque no has hecho tus tareas.

¿Y si resulta que esta semana te has encontrado mal, pero no me has dicho nada para no preocuparme? ¿Y si el día que pensabas hacerlo llegaste tarde a casa y se te olvidó poner la lavadora? ¿Te había dicho que necesitara esa camisa? ¿Quién es el responsable de que esa camisa esté limpia para la reunión? Ni tú ni yo tenemos una bola mágica para saber qué necesita el otro, así que debemos comunicarnos.

Los malentendidos aparecen y los sentimientos afloran, así que tiramos la caballería rusticana encima de alguien sin analizar lo que ha sucedido.

Sería muy diferente si yo te comunicase lo que siento y con empatía te dijera: «Me he sentido frustrada porque me he dado cuenta de que la camisa blanca que pensaba ponerme para la reunión de hoy no está limpia. Hasta hoy no me he dado cuenta de que la colada no estaba hecha, cuando he ido a buscar la camisa».

Quizá de este modo empezaríamos una conversación tranquila en la que tú me explicarías qué te ha pasado esta semana, y podríamos acordar una solución. Puede que la próxima vez nos comuniquemos mejor si se tiene que lavar algo con urgencia, o que nos riamos del cabreo que llevo por una camisa.

Pero el conflicto no es la camisa en sí, sino cómo me siento al no ver cubiertas mis necesidades y pensar que no te importan. Desde un punto de vista objetivo, mi valoración de los hechos no es lo que ha sucedido.

La empatía nos ayuda a resolver estos conflictos, desde los más mundanos y cotidianos a aquellos de mayor nivel. Nos permite ponernos en el lugar del otro, expresar cómo nos sentimos y mostrar qué necesitamos para crear soluciones conjuntas con las que todos nos sintamos bien. Y es imposible llegar a eso con ataques, culpas y juicios. Aunque intentemos ir por ese camino, nunca funciona, porque es la antítesis a entendernos, expresarnos y encontrar soluciones reales.

Toma de decisiones

Tomamos decisiones a diario, desde las más triviales hasta las más complejas. Cuanta más información tenemos, más capaces somos de ver la realidad desde distintos puntos de vista. Una mirada global y amplia nos ofrece más y mejores opciones.

Tener distintos puntos de vista, ponernos en el lugar de los demás, fijarnos en los pros y los contras y analizarlos del derecho y del revés... Todo esto hace que podamos decidir con toda la información en la mano.

Además, al ser empáticos con nosotros y con los demás, podemos abrir nuevos horizontes de pensamiento creativo donde se nos ocurran nuevas opciones. Estas suelen ser poco convencionales pero, al mismo tiempo, muy efectivas. La empatía nos permite ponerlas todas encima de la mesa para valorarlas.

Incrementaremos la creatividad y la innovación si superamos la estrechez de miras y nos alejamos de los juicios, tanto internos como externos. Sin juicio, todo es posible, pues no hay límites que nos impidan actuar.

Seguramente, cuando tienes un proyecto personal entre manos —como una actividad sin presión, en la que te sientes libre—, se te ocurren unas ideas increíbles. Por un momento, suspendes el juicio por la liberación de no tener que llegar a ninguna parte, puesto que nadie lo mirará o lo juzgará. Esa creatividad en la toma de decisiones viene de la libertad. Más adelante hablaremos de creatividad y de cómo emplearla en el día a día.

La empatía conecta, transforma y elimina los obstáculos del camino para avanzar. No solo nos ayuda a tomar la mejor decisión, sino también a implementarla. Cuando estamos seguros de haber escogido la opción más adecuada, avanzamos sin reparos y nos sentimos alineados con ella, por lo que podemos defenderla y ponerla en práctica.

Comunicación No Violenta

La Comunicación No Violenta (CNV) es un proceso que desarrolló Marshall Rosenberg en los años setenta. Se centra en tres aspectos de los que ya hemos hablado: autoempatía, empatía y autoexpresión honesta.

Los seres humanos somos capaces de tener empatía, pero solo la utilizamos si podemos cubrir nuestras necesidades; si no, buscamos otras estrategias que, *a priori*, pueden parecernos más efectivas. Todas son válidas, pero muchas veces, cuando nos comunicamos o estamos en una situación de conflicto, creemos que las necesidades del otro no son legítimas y nos enfrentamos a su opinión sin plantearnos qué mueve a la persona por dentro.

La CNV nos invita a identificar nuestras necesidades, las de los demás y los sentimientos que las provocan, con el fin de alcanzar la armonía.

Cuando hablábamos de la camisa blanca que seguía en el cubo de la ropa sucia, comunicándole al otro lo que necesitábamos, y cuando estábamos dispuestos a escuchar sus necesidades y los motivos por los que no había lavado la ropa, estábamos poniendo en el centro las bases de la CNV.

Nadie pretende molestarte, pero el comportamiento tiene su motor en una necesidad, y esta es distinta para cada uno. Hablar desde ellas, decir cómo nos sentimos y comunicarlo de forma auténtica aumenta la probabilidad de que surja la compasión y la empatía de los demás.

Desde la empatía, podremos entendernos y nos alejaremos de la culpa y la vergüenza, adentrándonos en el entendimiento, la aceptación y la negociación para cubrir las necesidades de todos. Ya no solo nos preocuparán nuestras necesidades, sino que también nos interesará que todos los miembros tengan cubiertas las suyas, pues son tan válidas como las nuestras.

Por eso es tan importante la manera en que nos expresamos como lo que queremos transmitir. Si queremos que los demás nos entiendan, debemos mostrar nuestro *Umwelt* y presentarlo a los otros sin juicios por el daño que nos hayan podido causar sus acciones. Si expresamos cómo nos sentimos y qué necesitamos pero culpamos al otro de nuestros sentimientos, y señalamos su actitud como el origen de nuestros problemas, eso nos empuja a asumir un rol de víctima en el que no hay soluciones. Además, solo tú eres responsable de cómo te sientes. Quizá no has puesto los límites necesarios, no has actuado según tus principios o no has sabido expresar tus necesidades. Si somos responsables de nuestros sentimientos y pensamientos tenemos el control, por lo que podemos comunicarnos y actuar de otra forma. Al mismo tiempo, debemos abrirnos a escuchar el mundo del otro.

Resolución de conflictos y negociación

Negociar es un baile entre los mundos de distintas personas. Ponemos en una misma olla miedos, necesidades, lo que estamos dispuestos a ceder y lo que no. De ella, tiene que salir un estofado comestible y delicioso para todas las partes.

La clave de la negociación es la empatía. No podemos negociar si no sabemos qué preocupa a la otra parte, cómo se siente o con qué estaría más cómodo. No consiste en presionar al otro para que haga algo que no quiera, sino en encontrar una opción favorable para ambas partes o que las dos renuncien a algo para alcanzar juntas su objetivo.

Negociamos con nuestra pareja la película que iremos a ver al cine el sábado por la noche, pactamos contratos de trabajo, regateamos el precio de unas mandarinas en el mercado o tenemos sobre la mesa los detalles de un negocio.

Independientemente del ámbito de negociación, lo primero es entendernos. Averiguar cómo es el mundo de la persona que tenemos delante. Los pactos con empatía se convierten en un baile de confianza, seguridad, vulnerabilidad, humildad, en un pacto real entre las personas. Cuando no es así, muchos acuerdos se convierten en papel mojado y ya no sirven para nada.

La empatía es clave no solo para resolver un conflicto o para negociar, sino para evitar que dichos problemas escalen a otras alturas, por lo que es importante anticiparse a ellos y proponer un espacio para hablar de las preocupaciones y dificultades antes de que estallen.

Tipos de empatía

Conocer los diferentes tipos de empatía nos permite entender los procesos cognitivos, emocionales y corporales de los que, muchas veces, no somos conscientes.

Todos tenemos lo que se suele denominar «neuronas espejo». Se encargan de comparar el comportamiento de los demás mediante la creación de un efecto espejo. Una de las razones de ser de estas neuronas consiste en sentir empatía y compasión por otros. Así, podemos reconocer el lenguaje corporal.

Las PAS tenemos el mismo número de neuronas espejo que los neurotípicos, pero las nuestras son más activas; eso nos vuelve más empáticas que la mayoría de las personas por naturaleza. Se ha comprobado en estudios del cerebro que las PAS tenemos altos niveles de actividad en el procesamiento emocional y social, determinado gracias a la interacción con personas conocidas y desconocidas por igual.[11]

Estas neuronas también provocan que absorbamos con facilidad las emociones de otras personas e incluso el estrés ajeno. Entender los tipos de empatía nos hará ser más conscientes de cómo nos comportamos cuando empatizamos con otra persona. Podremos saber si debemos ir hacia dentro y empatizar con nosotros, para que no nos perdamos al limitarnos a poner el foco en las personas de nuestro entorno.

Empatía reflexiva

Habilidad de escuchar de forma activa y expresar todo lo que hemos oído, incluyendo hechos objetivos e información emocional. Cuando atendemos a alguien y somos capaces de expresar en voz alta lo que hemos entendido sin poner palabras de cosecha propia, es decir, utilizando el mapa del mundo de esa persona, se siente escuchada.

Sabe que hemos entrado en su mundo, que somos capaces de hablar su lenguaje y de entender lo que le ocurre. Escuchar y expresar lo que hemos entendido nos conecta. De esta manera, el interlocutor siente que le hemos prestado atención y puede oír de nuevo su pensamiento en boca de otra persona, lo que le hace procesar otra vez sus conclusiones. Por otro lado, cuando transmitimos la información recibida, nos aseguramos de haberla comprendido.

La empatía reflexiva es la base para una comunicación efectiva, ya que nos permite validar lo que hemos entendido. De este modo, evitamos sacar conclusiones precipitadas sobre lo que la persona ha querido decir, así como interpretar libremente su significado que, en ocasiones, se aleja de la realidad.

La empatía reflexiva es muy útil para todos, en especial para las PAS. Percibimos muchos estímulos, por lo que tendemos a precipitarnos respecto a toda la información sensorial recibida. Validar es el primer paso para asegurarnos de que entendemos a la persona que tenemos delante.

EJERCICIO DE EMPATÍA REFLEXIVA: CÍRCULO DE EMPATÍA

Te invito a que realices esta práctica de empatía reflexiva utilizando el círculo de empatía.[12] Como mínimo, necesitas a otra persona, pero el número idóneo es entre cuatro y cinco personas.

Roles: escoged un tema de conversación que marcará la temática del círculo de empatía.

Emisor (el que habla): hará pausas tras cada idea, dando tiempo al que escucha para recapitular.

Receptor (el que escucha): lo hará de forma activa y pondrá en práctica la empatía reflexiva. Cuando el emisor haga una pausa en su discurso, el receptor recapitulará las ideas que ha entendido. No tiene que repetirlas como un loro palabra por palabra, sino enunciar el concepto general. Si recuerda términos concretos del emisor y los incluye, estará añadiendo un trocito del mapa del mundo de la otra persona. La función del que escucha es solo atender. No opinará ni interrumpirá al interlocutor, excepto para pedir una pausa si el discurso se alarga y no tiene tiempo para retener toda la información.

1. El que habla escoge a su receptor.
2. Durante tres minutos, el emisor habla haciendo pausas tras cada idea completa.
3. El receptor verbaliza lo que ha entendido en voz alta, tras cada pausa del emisor.
4. El que ha hablado escucha con atención y, tras hacerlo, confirma si el receptor lo ha entendido o indica que quiere puntualizar o corregir alguna información.
5. Transcurridos los tres minutos, el emisor da las gracias y notifica que se siente escuchado. A continuación, se cambian los roles.
6. Ahora, el receptor será el emisor y escogerá a otra persona que escuche. De esta forma, vuelve a empezar la rueda. El ejercicio finaliza cuando todos han podido interpretar los dos roles.

Si hay más de dos personas en el círculo de empatía, los demás escuchan en silencio, sin interactuar, hasta que los elijan para ser emisor o receptor. Puedes ver un ejemplo en vídeo sobre cómo funciona la dinámica de un círculo de empatía[13] en la práctica de Edwin Rutsch, de Culture of Empathy.[14]

Empatía kinestésica

La que posee nuestro cuerpo de forma inconsciente y que responde al lenguaje corporal de otra persona. Como habrás comprobado, cuando alguien bosteza, muchos de los que le rodean le siguen de una forma casi automática.

De manera instintiva, el cuerpo copia las reacciones corporales y físicas de las personas que nos rodean. La risa es contagiosa, llorar por ver que lo hace el otro... Incluso abrazarnos sincroniza el latido del corazón y de la respiración.

La empatía kinestésica es la capacidad de participar de las acciones de los demás o de la experiencia sensorial de sus gestos. Copiamos las sensaciones y los movimientos del cuerpo para incrementar nuestra conexión y sincronicidad.

La empatía kinestésica nos ha ayudado a sobrevivir durante cientos de miles de años. Podemos sentir a los demás y hacer un efecto espejo con el cuerpo.

Kgaogelo Moagi, conocido como Master KG, probablemente no esperaba provocar un fenómeno mundial de empatía kinestésica a través de la canción «Jerusalema».[15] Este tema llegó a los corazones, mentes y cuerpos de todo el mundo, y tuvo un gran impacto social durante el confinamiento por la pandemia del Covid-19 en 2020.

En junio de ese año, un grupo de bailarines de Angola,[16] llamados Phenomenos do Semba, grabaron un vídeo bailando esta canción y, gracias a su contribución, la convirtieron en un fenómeno viral que llegó a las casas de millones de personas.

Cuando bailamos juntos o vemos a otras personas haciéndolo a un ritmo contagioso, mostramos una conexión fisiológica. El cuerpo empieza a manifestar patrones corporales similares, como el pulso y el latido del corazón.

Los bailarines y coreógrafos están muy familiarizados con la empatía kinestésica. Una buena coreografía nos atrapa y hace que la audiencia conecte con esos movimientos. El éxito viene, como en «Jerusalema», cuando lo que vemos hace reaccionar al cuerpo de forma impulsiva y que se mueva según lo que observamos. Las sensaciones del movimiento evocan emociones que somos capaces de recordar años después. ¿Te acuerdas de algún baile o coreografía del pasado y de cómo te hacía sentir?

EJERCICIO DE EMPATÍA KINESTÉSICA

Con la práctica de la empatía kinestésica, eres más consciente de tu influencia en el espacio de los demás. Necesitas a otra persona para hacer el ejercicio.

1. Poneos uno delante del otro. El primero estira los brazos en un ángulo recto de 90 grados y coloca las palmas de forma que estén en contacto con las de la otra persona.
2. Uno liderará el movimiento. Poco a poco, moverá el cuerpo y las manos, y el otro le seguirá. Déjate guiar por el movimiento. Si te preocupa, cierra los ojos. Tu cuerpo sabe hacerlo, ya que no es una coreografía aprendida, sino sincronizada.
3. Como si fuera un baile guiado por el contacto de las manos, sigue el cuerpo de la otra persona. El que guía debe moverse libremente, con movimientos lentos.

Conforme pasen los segundos, vuestros cuerpos se sincronizarán. Empezad con movimientos suaves y lentos, que irán siendo más rápidos a medida que sintáis que forma parte de vuestro cuerpo.

La canción «Jerusalema» se hizo viral gracias a la empatía kinestésica. El poder de una canción y del movimiento. Nos contagiamos del movimiento. Por eso, los bailes y las coreografías de TikTok y de otras redes sociales visuales hacen que se nos pegue el vaivén, más allá de la melodía y de una letra pegadiza. La voz nos acompaña. El cuerpo entra en resonancia y nos impulsa a movernos de forma inconsciente, mimetizando y sincronizándonos con el ritmo y el movimiento de otras personas.

Antes de que nos demos cuenta, nuestros pies se levantan del suelo, pues es el instinto que acompaña al sentimiento de bienestar y placer. La empatía kinestésica es la conexión humana a través del cuerpo que no hace distinciones entre personas. En diferentes partes del mundo, la gente se conecta para bailar al son de la misma música.

Empatía imaginativa

Es la habilidad de aplicar la imaginación como si tuviéramos una mirada interna que parte de la experiencia del otro, relacionada con la situación que le ocupa.

Cuando un amigo nos cuenta un problema o una situación, ponemos en marcha nuestra empatía imaginativa. Nos ponemos en su lugar a partir de una construcción mental de ese hecho. Imaginamos los escenarios, las conversaciones y el lugar donde se han producido. Con todo, somos capaces de ver en la mente lo sucedido escena a escena, como en una película.

Leer es también un gran ejercicio, ya que podemos desarrollar la empatía imaginativa mediante las novelas de ficción y de no ficción.

En *El extraño caso del Dr. Jekyll y Mr. Hyde*, de Robert Louis Stevenson, podemos imaginarnos las dos personalidades que conviven en el interior del personaje. Nos adentramos en la mente de un hombre que sufre un trastorno de personalidad múltiple. Henry Jekyll es un científico que crea una poción que le permite separar la parte humana de una persona de su lado maléfico. Cuando la bebe, se transforma en Edward Hyde, un criminal capaz de cometer atrocidades que Jekyll no alcanza a imaginar.

En *La mujer del viajero en el tiempo*, de Audrey Niffenegger, podemos imaginarnos cómo es la vida de Henry, un hombre que puede viajar a través del tiempo, lo que le permite visitar diferentes momentos de su vida pasada o futura. Podemos imaginarnos qué experimenta al aparecer de repente en 1980, o lo que siente al perder el control cuando desaparece en cualquier momento del presente y de repente está en otro lugar.

En el libro *Almendra*, de Won-Pyung Sohn, nos ponemos en la piel de un adolescente con alexitimia.[17] Podemos imaginar cómo Yunjae no es capaz de expresar sus sentimientos a través de la lectura que nos muestra cómo vive el mundo. Todas las descripciones son objetivas, sin un ápice de emocionalidad. No entiende las bromas, no siente dolor, no se enfada, no llora... Su madre le enseña a fingir estados de ánimo para que los que lo rodean se sientan cómodos. Aprende cómo debe comportarse de forma metódica. Si alguien llora, sabe que debe bajar la cabeza y darle una suave palmada en la espalda. Yunjae crea un mundo de empatía ficticio para protegerse.

Al leer, somos capaces de entrar en las vidas y en el mundo de otras personas, de ver cómo ven, de sentir cómo sienten. Podemos encender la empatía imaginativa y ponernos en sus zapatos.

EJERCICIO DE EMPATÍA IMAGINATIVA

Con la práctica de la empatía imaginativa, eres consciente de la situación en la que se encuentra esa persona. Puedes realizar el ejercicio solo, a través de una lectura de tu elección, y poniéndote en la piel del personaje, o con una persona de tu entorno, imaginándote su situación.

1. Cierra los ojos. Imagina a la persona y la situación en la que está.
2. Pregúntate:
   - ¿Cómo es el lugar en el que se encuentra?
   - ¿Cómo es su situación?
   - ¿Cómo es su estilo de vida?
   - ¿Cómo piensa?
   - ¿Cómo se siente?

4

De sensible a inteligencia sensorial

Somos sensibles a las kilométricas etiquetas que salen de nuestros pantalones, a las luces de quirófano de las cocinas, al ruido de los coches, a la muchedumbre, al olor de la gasolina y a las perfumerías con imposibles mezclas olfativas. Sensibles a la crítica, a las emociones de los demás, a los llantos y a las risas.

Ser sensible provoca que, a veces, nos sintamos incomprendidos y que no podamos expresar cómo vivimos el mundo desde el interior. La sensibilidad se nos acumula como gotas de agua en un vaso, hasta que no caben más. Entonces ese vaso de aguas tranquilas se convierte en un tsunami. Sacamos fuera todo lo que hemos acumulado.

Palabras no dichas y sentimientos sin digerir que vomitamos sobre quienes nos rodean. Y muchas veces oímos comentarios como «Eres muy sensible» o «Te lo tomas todo muy a pecho».

Desde fuera puede parecerlo, pero sabemos que en el interior cada gota cuenta, y si no nos damos lo que necesitamos, las olas nos ahogan.

Quizá te preguntes: «Y entonces ¿qué?». La sensibilidad es un don, un poder, pero sin control ni una adecuada gestión se convierte en una fuerza que se nos va de las manos.

Ser capaz de distinguir las sutilezas del entorno o de ver los pequeños detalles es una ventaja cuando somos capaces de dirigir la atención y somos conscientes de nuestra percepción de la realidad.

En este capítulo veremos cómo establecer las bases de una buena relación con la sensibilidad para pasar de ser sensibles a disfrutar de una inteligencia sensorial que nos hace únicos. Por otra parte, descubriremos que la sensibilidad trabaja a nuestro favor cuando aprendemos a usarla.

Tu estilo de sensibilidad

Por suerte, no todos somos iguales, sería aburrido... La sensibilidad no es un patrón único que se nos otorgue a todos, como si formásemos parte de una serie de robots sensibles exactamente iguales.

Cada uno tiene su estilo personal de sensibilidad determinada por cientos de ingredientes. Nacemos con una tendencia sensible, pero, al crecer, las experiencias nos moldean. El entorno familiar, las creencias y los valores que tenemos, la cultura, las convenciones sociales, el género...

Por ejemplo, no es lo mismo ser una mujer sensible que un hombre sensible; tampoco lo es serlo en un entorno en el que ser sensible está bien visto o en otro en el que se reprimen las emociones.

A lo largo de la vida, nuestra sensibilidad irá cambiando. De pequeños, tenemos menos herramientas de gestión y aparecen estímulos que son nuevos para nosotros, ya que los experimentamos por primera vez. A medida que vamos creciendo, nos acostumbramos a ciertos estímulos, y las nuevas experiencias son cada vez menos frecuentes.

¿Qué sentidos tienes más aguzados? Quizá yo sea muy sensible a los olores y tú tengas una sensibilidad auditiva que te permita escuchar lo que suele pasar desapercibido. Quizá a mí me afecten las emociones de las personas al entrar en un espacio y a ti te importe más la armonía visual de una sala o la disposición de los muebles.

Para aprender a gestionarla, tienes que familiarizarte con tu estilo de sensibilidad. Contesta a las siguientes preguntas para definir y concretar cómo es tu sensibilidad:

- ¿Cuáles son las características de tu sensibilidad?
- ¿Qué situaciones despiertan tu sensibilidad?
- ¿A qué eres más sensible?
- ¿Cómo ha cambiado tu sensibilidad durante las distintas etapas de tu vida?
- ¿Qué partes de tu sensibilidad has aprendido a gestionar y cuáles deberías trabajar?

EL MUNDO SENSIBLE

En el fondo de una caverna, había unos hombres encadenados a un muro. Nunca habían visto la luz del sol ni sabían cuál era el origen de las cadenas que los mantenían inmóviles en las profundidades de la cueva.

Los hombres miraban al frente, hacia las paredes, donde se proyectaban las sombras de la realidad más allá de la caverna. Detrás del muro al que se encontraban encadenados, a cierta distancia por encima de sus cabezas, había una hoguera.

Uno de los hombres se atrevió a girarse para ver más allá. Cegado por la luz y confuso, se dio cuenta de que esta provenía de la hoguera. Consiguió liberarse pero, a cada paso, dudaba y sentía un impulso irrefrenable por volver a la caverna, donde conocía a la perfección las sombras y la oscuridad.

Decidió, con paciencia y esfuerzo, salir de allí y partir hacia lo desconocido, sin dejarse vencer por la confusión ni entregarse a los caprichos del miedo.

El mito de la caverna de Platón (428 a. C. - 347 a. C.), uno de los mayores filósofos griegos, es una de las alegorías más famosas de la filosofía. Él la usaba para explicar que las personas se acomodan a la forma en que ven la realidad, aunque solo sea su percepción de ella.

En mi lectura del mito, los hombres encadenados en la cueva se parecen a nosotros, las PAS. Nuestra fina percepción de los sentidos nos encadena a una realidad de sombras que solo son un reflejo de la auténtica realidad.

El mundo sensible es aquel al que tenemos acceso a través de los sentidos. La percepción, sin embargo, es subjetiva y nos lleva a conclusiones que, por muy reales que sean en el fondo de la mente o en la cueva, poco tienen que ver con la realidad.

Puedo percibir que mi pareja está enfadada. Noto su cambio de humor, cómo se modifican su lenguaje corporal y su tono de voz y, después de analizar la situación, llego a la conclusión del origen de su enfado. No obstante, que yo perciba estas sutilezas por los sentidos no significa que mis conclusiones sean las acertadas.

LA PERCEPCIÓN

A través de los sentidos, percibimos la realidad que nos rodea. Todo lo que vemos, oímos, tocamos, olemos y saboreamos lo filtramos a través de nuestra visión del mundo.

Como PAS, tenemos una visión del mundo más aguda, más perceptiva, y esto nos hace pensar que los demás ven el mundo desde el mismo punto de vista.

Cuesta creer que la percepción del otro no sea idéntica a la nuestra. Una pregunta que parecía sencilla y de visión única y objetiva desató un gran debate en la red: «¿De qué color es este vestido?», #thedress, en Twitter.

La cantante escocesa Caitlin McNeill subió en 2015 una foto a su perfil de Tumblr preguntando de qué color era un vestido. El debate estaba servido. «¿De qué equipo eres? ¿Azul y negro o blanco y dorado?». Diferentes personas veían el vestido de colores distintos.

Algunas lo veían blanco y dorado, pero para otras era negro y azul. Podríamos pensar que los colores son objetivos. ¿Cómo vamos a discutir un color? Y más si son tan diferentes. El blanco y el azul están lejos en la rueda cromática, y sucede lo mismo con el negro y el dorado.

¿Cómo se explica que diferentes personas vieran colores tan dispares en un mismo vestido?

Duje Tadin, profesor de Ciencias cognitivas en la Universidad de Rochester,[1] opina que todo depende del número de fotorreceptores de la retina que perciben el azul. Así, las personas con menos fotorreceptores azules ven el vestido dorado y blanco.

Científicos de distintos campos tenían sus propias teorías,

desde la percepción del color al número de fotorreceptores, pasando incluso por la teoría de las ilusiones ópticas...

Solo se pusieron de acuerdo en algo: es una ilusión poco común. Los que ven el vestido de un color no pueden verlo de ningún otro. «Esto se debe a cómo percibimos el mundo», dijo el doctor Tadin.

Más allá del anecdotario de historias virales online, «el vestido» nos ofrece una gran revelación. **La realidad no es como es, sino como la percibimos. Debemos ser conscientes de que cada uno vive y percibe la vida de una forma distinta.**

Ser conscientes de que la alta sensibilidad influye en ello implica aceptar que las sutilezas que captamos no tienen por qué aparecer en el radar de otras personas. Debemos ser responsables, entendernos y comunicarnos de modo que los demás nos comprendan.

No existe una bola mágica capaz de hacer que otra persona perciba el mundo como tú. Poner palabras a la experiencia y compartirla con los demás hace que tu visión del mundo sea palpable para todos.

Adaptación sensorial

Quizá en algún momento hayas llevado un anillo o una pulsera y, con el paso del tiempo, hayas dejado de notar que lo llevas, incluso puede que te olvides de él. Eso nos sucede porque, durante los primeros minutos, el anillo es un objeto extraño y lo notamos. Sabemos que en el dedo hay algo que no nos pertenece.

A medida que pasan las horas y los días, el cuerpo se acostumbra a la sensación y dejamos de percibirlo como una alerta. En un tiempo, ya no prestamos atención sensorial al anillo que llevamos.

La adaptación sensorial es el proceso que nos permite habituarnos a la información que percibimos por los sentidos. Como PAS, esta adaptación es uno de los secretos para pasar de ser sensible a tener inteligencia sensorial.

Debemos enseñar al cuerpo a que no responda a un estímulo concreto igual que se acostumbra a llevar un anillo. Adaptarnos nos ayuda a que los estímulos externos no nos alejen de nuestro centro de equilibrio con tanta facilidad.

La situación opuesta a la adaptación sensorial es la sensibilización, circunstancia en la que las neuronas se vuelven más sensibles a los estímulos.

El objetivo es que seamos capaces de recibir estímulos externos sin sobresaturarnos, y entrenar la capacidad de atención y la adaptabilidad. Las personas que tienen más inhibición latente seleccionan los estímulos nuevos que han de procesar y dejan de lado lo que les parece irrelevante. Este filtro les permite percibir, clasificar y digerir los estímulos al momento.

Para las PAS, con una baja inhibición latente no todo son inconvenientes. Entrenar y aprender a controlar esta capacidad de enfoque y atención a los detalles es una gran ventaja. Sherlock Holmes tenía una baja inhibición latente y la usaba para ver las sutilezas que escapaban a los ojos de los demás.

Hay también ventajas creativas, pues la baja inhibición latente se asocia a la creatividad y al pensamiento divergente.[2]

Como PAS, entrenar nuestra adaptación sensorial es clave para que los estímulos dejen de convertirse en un atropello de información a todas horas y podamos usarlos como Sherlock, a voluntad.

¿Cómo entrenar nuestra adaptación sensorial?

Imagina que metes un pie en la bañera y el agua te quema los dedos, pero poco a poco tu cuerpo va adaptándose a la temperatura hasta que dejas de notar que está muy caliente.

Los fumadores se adaptan al olor del tabaco y les sorprenden que los que no fuman puedan olerlo a leguas. Estas personas se exponen con menos frecuencia a este olor y, al no estar acostumbradas, lo detectan con mayor facilidad.

La adaptación sensorial es una reducción de la sensibilidad ante un estímulo tras una exposición prolongada a él. Cuando nos habituamos, liberamos capacidad de atención y recursos que podemos destinar a recibir y procesar otros.

Puede parecer contraproducente, pero lo cierto es que hay que exponerse a los estímulos. Cuanto más lo hagamos de una forma controlada, más acostumbrados estaremos. No es lo mismo encontrarnos por sorpresa un estímulo y tener que lidiar con él que saber desde el principio con cuál nos vamos a encontrar, ya que eso nos ayudará a prepararnos y a ser conscientes de cómo gestionarlo.

Antes me daba pánico sentirme observada. Notar mil ojos en mí, ya fuera durante un examen, en una presentación para mis jefes o al ver que alguien observaba mis movimientos mientras realizaba una tarea.

Saber cuándo debía hacer una presentación, cómo sería la sala, quiénes estarían allí... Toda esa información me permitía buscar opciones para sentirme mejor. Al exponerme una y otra vez a hablar en público, fui elaborando mi propio método. Miraba a alguien entre el público en quien confiara, que tuviera un lenguaje corporal amable y que no me distrajera del discurso.

Llevaba ropa cómoda pero elegante, que me hiciera sentir segura y poderosa. Utilizaba aceites esenciales o un perfume y me dejaba llevar por ese aroma que me calmaba.

Con cada presentación, poco a poco mi cuerpo dejó de entrar en alerta roja. Ya no me sudaban las manos, ni tartamudeaba, ni tenía un peso en el estómago. Aprendí que no iba a morir en un escenario haciendo una presentación. Mi cuerpo se había adaptado, había entendido que ya no era un peligro.

Exponerse a estímulos incómodos no es tarea fácil. Conlleva un entrenamiento. Cuanto más trabajemos para adaptarnos de forma consciente y planificada, más flexibles nos mostraremos en las situaciones imprevistas. Cada uno vive la sensibilidad con su estilo personal. Por lo tanto, lo que para unos es una tortura, para otros es una tarde divertida.

Encontrar una forma de exponerse a estímulos en un ambiente controlado es clave para entrenar nuestra adaptación. No aprenderemos a nadar si nunca metemos un pie en el agua. No podemos adaptarnos al entorno si nos protegemos y apartamos de él.

ATENCIÓN SELECTIVA

La atención es un animal curioso. Serpentea y se cuela entre los dedos, como un escurridizo reptil. Sin darnos cuenta, la ponemos en un lugar inadecuado, se nos traspapela y, cuando descubrimos dónde está, llevamos un tiempo enfocándola en una tarea o pensamiento que nos perjudica.

Entrenar la atención nos ayuda a centrar los esfuerzos de percepción en un aspecto concreto de la realidad. Nos permite aislar lo demás y concentrar los sentidos en algo concreto. Hay dos tipos de atención selectiva: la visual y la auditiva. Utilizamos la selectiva cuando leemos un libro, escuchamos un programa de radio u oímos la sirena de una ambulancia o el llanto de un bebé. En ese momento, todo lo demás desaparece. Solo queda el sonido.

Aunque no lo parezca, las PAS tenemos una habilidad innata para la atención selectiva que desaparece cuando nos abruman los muchos estímulos que recibimos al mismo tiempo.

Está demostrado que las PAS obtenemos mejores resultados en las actividades que exigen atención,[3] en tareas perceptuales que necesitan mayor reflexión para tomar decisiones. Diversos estudios asocian un procesamiento neuronal detallado a los estímulos visuales.[4]

Un gen se encarga de todo esto, el 5-HTTLPR de alelo corto. Mejora el foco de atención y proporciona más agudeza visual. Por ejemplo, al comparar dos imágenes con sutiles diferencias entre sí, quien tenga este gen podrá ver con facilidad qué ha cambiado entre ambas fotos. Es, por ejemplo, el típico pasatiempo de las siete diferencias.

Se ha comprobado que las personas con el gen 5-HTTLPR de alelo corto tienen una activación mayor como respuesta a estímulos emocionales,[5] mayor respuesta acústica[6] y un aumento del cortisol como respuesta a la evaluación social.[7]

Por otra parte, altos niveles de sensibilidad de procesamiento sensorial también se han asociado al transportador de serotonina 5-HTTLPR.[8]

Sin darnos cuenta, tenemos una atención selectiva natural. ¿Ves coches del mismo modelo que el tuyo por la carretera? ¿Todo el mundo lleva esa camiseta nueva que te has comprado? ¿Ves por todas partes la marca que tanto te gusta?

Tu cabeza busca, filtra y selecciona lo que sabe que te interesa o lo que se parece a tu realidad. Tienes la atención selectiva trucada por lo que conoces. La buena noticia es que la puedes manejar a tu antojo a base de entrenamiento.

¿Cómo entrenamos la atención selectiva?

La atención selectiva nos permite filtrar los estímulos. Si no lo hacemos, tendremos una mente de mono, es decir, saltaremos de una idea a otra sin orden ni concierto.

Sin atención selectiva, nos distraemos viendo volar a una mosca o tendemos a hacer muchas cosas al mismo tiempo. La multitarea nos aleja de la tranquilidad mental.

Yo era de esas personas que piensan que tienen la capacidad de hacer miles de cosas a la vez, pero a medida que entrenas la atención selectiva te das cuenta de que centrarte en una sola tarea mejora la memoria y el aprendizaje. Con más eficiencia y menos saturación, obtienes mayor capacidad y tranquilidad para seguir con el resto de las tareas más tarde.

Aquí tienes algunas opciones para entrenar la atención selectiva:

- Haz ejercicios de coordinación, como HIIT (ejercicios de alta intensidad).
- Practica actividades de atención selectiva: resuelve sudokus, crucigramas, busca las siete diferencias, juega al ajedrez o imparte presentaciones memorizando un guion.
- Duerme. Dormir un mínimo de seis o siete horas diarias es vital para un funcionamiento adecuado, sobre todo para las PAS. Necesitamos ese descanso para que la información sensorial que hemos recibido durante el día pueda colocarse en el lugar de la memoria que le corresponde o para descartar lo que no consideramos importante. Levantarnos descansados hace que la atención sea óptima.
- Realizar las tareas de una en una. La atención selectiva es enemiga de la multitarea. Por mucho que la mente de mono nos empuje a saltar de una actividad a otra, concentrar la atención aumenta la concentración y la efectividad. Haremos una, pero más rápido que al zapear entre ellas, como si cambiásemos de canal con el mando a distancia.

Te propongo un juego. Cada día, cuando salgas a la calle, reta a tu mente a que focalice la atención. Puedes escoger un elemento visual, auditivo, táctil, un sabor...

Te lanzo un reto visual: fíjate hoy en el color amarillo.

Tu mente sabe que el reto es encontrar amarillo allá donde vayas. Toma fotos de lo que veas que sea de color amarillo. Observa en qué lugares encuentras ese color, en qué objetos. ¿A qué conclusión llegas? ¿Qué has observado?

Te sorprenderás al ver detalles amarillos en los lugares que visitas cada día. Vas en busca del amarillo y él te encuentra. Puedes inventarte otros retos para estimular tu atención. A la imaginación le encanta jugar. La creatividad es el recreo de la mente, así que sácala a pasear.

Practicar ejercicios de atención selectiva entrena a tu cerebro para focalizar y mantener la atención en un color, un olor, una forma, un sonido...

Aunque este entrenamiento puede parecer insignificante, te permitirá gestionar las situaciones con las que te encuentres. Evitarás saturarte al focalizar la atención en una parte de la realidad, y dejarás pasar de largo los estímulos que no te interesen.

¡Pruébalo!

ME PERSIGUE UN LEÓN

Pronto me di cuenta de que, cuando mi sistema se alteraba, me convertía en una persona emocionalmente inestable. Me comunicaba de forma pésima, era incapaz de autorregularme y me relacionaba de forma tóxica con las personas.

Todo era una amenaza. Miraba a mi alrededor y estaba hipervigilante a todo: sonidos, olores... No podía dormir, me sentía en peligro constante sin ser consciente de ello.

Mi cuerpo corría, imaginando que un león me pisaba los talones.

Cuando empecé a subir de peso sin motivo, me di cuenta de que algo se me escapaba. No entendía qué me estaba pasando.

Perdí cuarenta kilos estudiando nutrición, aprendí a comer de manera saludable y observaba mi cuerpo y mi mente. ¿Cómo podía reaccionar de forma tan distinta?

Empecé a investigar y me di cuenta de que mi cuerpo estaba en modo supervivencia. Había bajado el ritmo de mi metabolismo y tenía digestiones lentas y pesadas. Estaba cansada pero, al mismo tiempo, me era imposible dormir una noche entera sin despertarme. Sentía ansiedad constante, y por ello el más mínimo ruido o cambio en el entorno me disparaba una alarma.

La inteligencia sensorial es el equilibrio del sistema nervioso que logramos mantener cuando aprendemos a encender y apagar la activación, la supervivencia y la relajación.

Mediante el aprendizaje de movernos cuando lo necesitamos y de relajarnos a su debido tiempo, somos capaces de gestionar las emociones, comunicarnos desde la empatía y ser fieles a nuestras necesidades. Así, conseguimos que los pensamientos, sentimientos y acciones vayan a una.

Desde ahí podemos mantener relaciones saludables, autorregularnos y conectar con los demás desde el dar, pero también desde el recibir. Salimos del modo supervivencia para vivir con inteligencia sensorial. Podemos recoger y captar estímulos sin que nos alejen de nuestro centro, y ver los detalles desde la curiosidad. Aprendemos a jugar, ya que dejamos espacio a la creatividad. Nos permitimos estar alerta cuando es necesario y relajarnos si lo precisamos.

Mala interpretación de nuestro cerebro

El cerebro necesita recursos para funcionar, como el oxígeno, la glucosa, la sal y el agua. Para digerir los alimentos, el sistema digestivo utiliza los recursos de los músculos. ¿Qué pasa si el cuerpo cree que está en peligro?

Si piensa que un león le pisa los talones, toda la energía se concentra en las piernas, ya que nos permitirán alejarnos del peligro para sobrevivir.

Optimizamos, el cuerpo entra en modo «ahorro de energía», como la batería del teléfono cuando sabe que le queda poco tiempo de vida. La energía se desplaza de los sistemas digestivo, reproductivo e inmunológico y se centra en la parte motora, en huir lo más lejos posible del rey de la selva y sobrevivir.

En el día a día, es poco probable que nos encontremos con un león por la ciudad, pero lo cierto es que reaccionamos del mismo modo ante cualquier indicio de peligro. Nos estresamos cuando no tenemos tiempo, nos sentimos inseguros, hay algo que no controlamos...

Para el cerebro primitivo, una presentación en el trabajo que nos estrese se convierte en el león del siglo XXI.

Feldman Barrett explica que el cerebro es un órgano de predicción, es decir, conoce con antelación los recursos que necesita y los distribuye. Cuando el cerebro hace predicciones erróneas, se produce un desequilibrio y los recursos se destinan a lugares que no nos convienen. Entramos en alerta roja y, si permanecemos mucho tiempo en ella, podemos sufrir estrés crónico.

La hormona del estrés, el cortisol, es la estrella de la escena de persecución con el león imaginario. Esta hormona se segrega al responder a una amenaza.

El cuerpo, como está lleno de cortisol, intenta optimizar sus procesos internos. Manda todos los recursos hacia donde cree conveniente, pero luego entra en modo hibernación para no gastarlos todos. Como consecuencia, nos sentimos cansados, tenemos menos ganas de hacer ejercicio y comemos más para compensar la percepción de falta de recursos, ya que estos han sido desviados a otras partes del cuerpo para reaccionar a la amenaza.

La memoria se resiente y la atención disminuye. En este estado de alerta constante, nos encontramos con una borrachera de cortisol que procede del «modo supervivencia».

Cuando descubrí que era una PAS, mi cuerpo funcionaba desde la supervivencia. Tenía mente de mono, saltaba de un pensamiento a otro sin cesar y daba vueltas a los pensamientos en bucle.

Tenía tenso el cuerpo, terribles dolores de espalda, migrañas constantes y las emociones a flor de piel. De repente estaba arriba, eufórica y contenta, pero cuando menos me lo esperaba me venía abajo y me entraban unas ganas de llorar irrefrenables.

Después de comer, me sentía como si me hubiera atropellado un autobús, mi barriga se hinchaba. En vez de comer, engullía, ni siquiera masticaba.

Lo mismo me pasaba con la rutina. Devoraba los días, las tareas, los trabajos... Incluso me tragaba las actividades divertidas sin más, sin masticarlas ni saborearlas.

No sabía qué me ocurría hasta que tropecé con información sobre el sistema nervioso y descubrí que para las PAS es una de las claves para encontrar el equilibrio.

Aunque hemos cambiado las chozas de barro por rascacielos y escaleras automáticas en las grandes ciudades, el cerebro no lo ha hecho a la velocidad del entorno. Sigue siendo primitivo.

Si estuviéramos en medio de la selva y nos persiguiera un león, el cuerpo sabe que tiene tres opciones: congelarse, huir o luchar.

Ante estas sensaciones, el cuerpo tiene una respuesta similar a la del peligro de ser devorados por un león. El sistema nervioso nos ayuda a gestionar los estímulos externos y se encarga de darles respuesta para sobrevivir cuando nos sentimos amenazados.

Pero ¿qué pasa cuando esto sucede todo el tiempo? El cuerpo está preparado para entrar en modo supervivencia cuando se encuentra con un león, pero no concibe que este nos persiga a diario por la selva.

Muchos aún no hemos aprendido a pasar del modo supervivencia a un modo reposado y tranquilo. A menudo nos pasamos días, meses y años corriendo, pensando que nos persigue un león inexistente.

¿Cómo sabemos si estamos en modo supervivencia?

Cuando nos encontramos en una situación de vida o muerte, o cuando nuestro cerebro cree que es así por un mail del jefe o por una discusión con alguien, la amígdala envía un mensajito al hipotálamo: «¡Peligro!».

Esta región del encéfalo es el centro de procesamiento emocional. La información se recibe a través de los sentidos y llega a la sala de control del hipotálamo, que se encarga de comunicar al resto del cuerpo, por medio del sistema nervioso autónomo, que debemos defendernos.[9]

El centro de control se encarga de gestionar varias funciones, como la respiración, el latido del corazón y la presión sanguínea, entre otras.

El sistema nervioso autónomo es como un coche, ya que dispone de dos «pedales»:

- **Sistema simpático**: el acelerador. Enciende el motor y genera una respuesta de lucha y huida con un subidón de energía para responder a las amenazas del entorno.
- **Sistema parasimpático**: el freno. Se encarga de la digestión y del descanso, y nos calma en cuanto la amenaza ya ha pasado. Es nuestro estado tranquilo y de reposo.

Cuando el hipotálamo recibe el mensaje de peligro que procede de la amígdala, activa el sistema simpático. Al hacerlo, se producen distintos cambios fisiológicos:

- La adrenalina pasa al torrente sanguíneo.
- El corazón late más deprisa. Suben la presión sanguínea y el pulso.
- Respiramos rápido para llevar más oxígeno al cerebro.
- Los sentidos se aguzan (vista, oído...). Entramos en estado de alerta.
- Se abren las compuertas de las reservas de glucosa y grasa para aportar nutrientes al torrente sanguíneo.

Si la amenaza no desaparece, el sistema sigue poniendo toda la carne en el asador. Entran en juego el hipotálamo, la pituitaria y las glándulas suprarrenales para pisar a fondo el acelerador del sistema simpático. Se inicia una cadena de segregación de hormonas en la que soltamos cortisol, el encargado del estrés.

Cuando pasa la amenaza, nuestros niveles de cortisol bajan y el sistema parasimpático, el freno, coge el mando.

Muchos de nosotros no encontramos este pedal de freno, por lo que podemos pasarnos el día acelerando sin rumbo en un estrés permanente, sin poder reducir la velocidad.

Si tenemos en cuenta que el cuerpo se prepara para huir y luchar mientras estamos sentados en el sofá, no usamos los recursos que pone a nuestra disposición. Los altos niveles de cortisol generan cambios fisiológicos para llenar las reservas que se han agotado durante la respuesta al estrés. Sin darnos cuenta, en este proceso de recuperación el cuerpo crea reservas de grasa y aumenta de peso para asegurarse de que pueda volver a responder a una amenaza.

El cortisol abre el apetito y provoca que queramos ingerir energía extra para tener reservas suficientes en la próxima lucha o huida.

El sistema nervioso simpático conduce el modo supervivencia y se encarga de cerrar las compuertas del sistema reproductivo, del sistema digestivo y del sistema inmunológico. Si nos persigue un león, el cuerpo entiende que no nos pararemos a tomar un sándwich por el camino y que la reproducción no es una prioridad. Y, claro, luchar contra una enfermedad deja de ser una prioridad si un felino está a punto de engullirnos.

El modo supervivencia funciona a corto plazo, ya que es un estado mental y emocional negativo, basado en el miedo que nos hace activar la respuesta de lucha o huida y que solo aparece en momentos de estrés.

En este estado también se cierran las compuertas de la imaginación y la creatividad. Ya no nos dejamos llevar por el flujo de la vida, sino que nos atascamos en una situación en la que queremos controlarlo todo. Se convierte en un espacio de cautela extrema, emocionalidad descontrolada y resentimiento.

Si estás o has estado en modo supervivencia, puede que te identifiques con estas situaciones:

- **Te aleja de la empatía y la compasión.** El miedo constante hace que te compares con los demás. Te subestimas o, por el contrario, intentas compensar esos sentimientos mirando a los demás por encima del hombro.
- **En vez de responder, reaccionas de forma emocional.** Cualquier situación es un ataque. Las críticas son como cuchillos en tu mente, no dejas de dar vueltas a las conversaciones o situaciones pasadas.
- **Te centras en ti.** El modo supervivencia te provoca un estado de estrés y ansiedad constante que centra el foco en ti. Te sumes en tus problemas y en los obstáculos cotidianos, lo que te hace perder de vista las necesidades de los que te rodean. No pides ayuda ni la aceptas. Tienes la sensación de que los demás no sabrán hacerlo. Si quieres que salga bien, tienes que hacerlo tú mismo.

- **Solo ves lo negativo.** No ves las cosas con perspectiva. Solo te fijas en lo malo, en lo negativo; te olvidas de lo positivo. Prestas atención a todo lo que va mal y a tus fallos, pero desde esa visión distorsionada pierdes la oportunidad de ver tu aprendizaje y cómo has crecido durante el proceso.
- **Quieres calmarte.** Quieres calmarte, pero no lo consigues. Te sientes estresado, ansioso. Tu cuerpo sigue corriendo por el bosque, aunque ya sea hora de dormir. No logras descansar y te despiertas en mitad de la noche. Tu respiración es entrecortada y el latido del corazón suena como el galope de unos caballos desbocados.
- **Todo es urgente.** Siempre te sientes entre la espada y la pared, de aquí para allá, como pollo sin cabeza. Vas en piloto automático, saltas de un obstáculo a otro. Cualquier situación, por insignificante que sea, la magnificas en tu mente. Toma una dimensión gigantesca. No te permites margen de error, todo tiene que ser perfecto.
- **Esperas que no sea un día horrible.** Sales de casa pensando: «Por favor, que no sea un día horrible». Aún no has puesto un pie en la calle y ya estás analizando los daños y pensando en todo lo que puede salir mal. Pase lo que pase, no te sientes orgulloso de los resultados; aunque sean buenos, no son los esperados. Nada cumple con tus expectativas. La alegría se desvanece por querer predecir qué será lo próximo que haya que hacer para evitar el desastre.

Te estás imaginando al león

Te persigue. Tu cuerpo está en alerta, y no solo por dar vueltas a la situación que te ocupa, sino por pensar en las consecuencias.

Te han despedido en el trabajo. Empiezas a preocuparte. «¿Cómo pagaré las facturas? ¿Ahora qué hago? Soy un fracaso. No me lo merezco».

Te quejas, no ves la salida y te planteas un alud de consecuencias. La ansiedad por anticiparte a una situación que aún no ha llegado y el miedo a lo desconocido crean tu león particular.

Que te hayan despedido deja de depender de ti justo cuando recoges los objetos personales del despacho. Pero puedes influir en cómo te lo tomas y qué sacas de la situación.

Seguro que tienes dudas y preocupaciones legítimas, así que vamos a dar la vuelta al discurso.

Quizá no te gustaba ese trabajo y para ti era un suplicio levantarte cada mañana. Tal vez ibas arrastrándote por la calle hasta que ponías el pie en la oficina.

¿Y si el despido fuera una oportunidad? Una ocasión idónea para encontrar un trabajo mejor, que respondiera a tus posibilidades. ¿Y si fuera una merecida pausa? Un tiempo para descansar, ordenar las ideas y montar un plan para el futuro. Cree en tus recursos y en las habilidades que te permitieron obtener ese trabajo, ya que dispones de ellos para conseguir otro.

Que el león exista o que se convierta en un gatito depende de ti, no de la situación en la que te encuentras.

PAS EN INTELIGENCIA SENSORIAL

Cuando consigas salir del modo supervivencia, te darás cuenta de que tienes la capacidad de parar, reflexionar y responder a las situaciones en vez de reaccionar contra ellas.

Podrás regular la energía. Tendrás a tu alcance una bolsa de recursos que funcionan y que has entrenado con la práctica.

Podrás expresar tus necesidades y cubrirlas sin sentirte culpable, siendo consciente de que el único responsable de tu bienestar eres tú.

Tendrás la capacidad de gestionar y controlar ciertos elementos del entorno para vivir según tus necesidades. Podrás dar la vuelta a tus pensamientos, cuestionártelos y dejar ir los «cuentos de la lechera» que te alejan del presente y de la acción.

En la vida nos lanzan flechas, y muchas veces nos preocupamos por averiguar de dónde vienen y quién las ha tirado. Mientras lo hacemos, seguimos con la flecha clavada y sangramos. Saber quién la ha lanzado y de dónde procede no soluciona el problema.

El primer paso es sacarse la flecha y curar la herida. Renunciar a la identificación y a la crítica no es fácil, ya que pensar que el culpable está ahí fuera hace que no nos sintamos cómodos. Aunque pudiéramos identificar al tirador, nada cambiaría. Nos han herido. Nos han disparado. Lo importante es centrar la atención en lo que depende de nosotros.

Debemos reconocer que nos han herido, aceptar que nos duele y buscar soluciones que nos convengan sin necesidad de luchar, investigar o identificar. Sentarnos y observar la incomodidad y la resistencia. Nombrar qué nos sucede y qué podemos hacer. Liberarnos de la necesidad de recorrer el camino de la flecha, ya que no hará que desaparezca la herida. Saber parar, ocuparnos de nuestras necesidades y pensar y vivir de forma creativa es la manera de salir de un día a día lleno de quejas para entrar en un día de juegos donde una tarea mundana como lavarnos los dientes sea una para recordar y sonreír ante el espejo.

EL CUENTO DE LA LECHERA Y LA «EXCUSITIS» AGUDA

«Soy muy sensible. Los demás no lo tienen en cuenta. No me entienden, no ven el mundo como yo. No saben qué es percibirlo todo de una forma tan intensa».

«Son unos desconsiderados, mala gente, insensibles, irrespetuosos, descarados, bordes, sin sentimientos... Ojalá fuera menos sensible y me resbalara todo como a los demás, pero no sé hacerlo».

«Cuando esté más tranquila, empezaré a meditar. Cuando consiga un trabajo mejor, me equilibraré y podré tener tiempo para mis cosas».

Quizá a diario te plantees pensamientos de este tipo. El discurso interno de víctima que mantienes sobre tu sensibilidad te lleva a una «excusitis» aguda permanente.

Nos da la sensación de que no podemos hacer nada para cambiar la realidad. Sin embargo, las excusas nos parecen cómodas porque nos permiten quedarnos estancados, sin hacer nada al respecto.

Es una comodidad incómoda de lo conocido. Nos sentimos seguros frente a una realidad inmutable que creemos que no podemos cambiar.

Un ejemplo de estas excusas lo encontramos en *El cuento de la lechera*.[10]

Una lechera llevaba en la cabeza un cubo de leche recién ordeñada y caminaba hacia su casa soñando despierta. «Como esta leche es muy buena —se decía— dará mucha nata. La batiré muy bien hasta que se convierta en una mantequilla blanca y sabrosa, que me pagarán muy bien en el mercado. Con el dinero, me compraré un canasto de huevos y, dentro de cuatro días, tendré la granja llena de pollitos, que se pasarán el verano piando en el corral. Cuando empiecen a crecer, los venderé a buen precio y, con el dinero que saque, me compraré un vestido nuevo de color verde, con tiras bordadas y un gran lazo en la cintura. Cuando lo vean, todas las chicas del pueblo se morirán de envidia. Me lo pondré el día de la fiesta mayor, y seguro que el hijo del molinero querrá bailar conmigo al verme tan guapa. Pero no voy a decirle que sí de buenas a primeras. Esperaré a que me lo pida varias veces y, al principio, le diré que no con la cabeza. Eso es, le diré que no: ¡así!».

La lechera comenzó a menear la cabeza para decir que no. Entonces, el cubo de leche cayó al suelo y la tierra se tiñó de blanco. Así que la lechera se quedó sin nada: sin vestido, sin pollitos, sin huevos, sin mantequilla, sin nata y, sobre todo, sin leche: sin la blanca leche que la había incitado a soñar.

El cuento de la lechera es el que nos contamos cada día cuando utilizamos el futuro como el momento ideal para pasar a la acción. Al soñar despiertos, perdemos la oportunidad de poner en práctica lo que tenemos entre manos. No hay mejor momento que el presente, el ahora.

Si quieres meditar para centrarte, aprende sobre este tema. Lee o escucha meditaciones guiadas. Elabora un plan realista y ponlo en práctica. Apúntalo en la agenda: empieza poco a poco, dedícale unos minutos al día.

Tardas unos sesenta y seis días en generar un nuevo hábito, así que la constancia, la voluntad y las ganas de disfrutar del proceso serán tus motivaciones para implementarlo.

Y si algún día caes en la tentación de «dejarlo para mañana», al día siguiente esa excusa ya no valdrá para dejar tus objetivos a un lado.

Un objetivo sin un plan se convierte en un sueño inalcanzable. Quien algo quiere, algo le cuesta. Depende de ti.

Hacer siempre lo mismo y pensar que vas a obtener resultados distintos es de una ingenuidad pasmosa. Para pasar a la acción, debes cambiar tu forma de pensar. De lo contrario, no podrás hacer nada nuevo, solo lo que has hecho hasta ahora.

REESCRIBE LA HISTORIA DE TU SENSIBILIDAD

Como PAS, tenemos grabadas en la memoria nuestras historias sobre la alta sensibilidad y tendemos a ver los obstáculos

y los impedimentos que comporta. El discurso de la justifica-
ción nos ayuda a anclarnos en una realidad que creemos ina-
movible. Neurológicamente, estamos programados para encontrar los fallos y lo negativo en lo que nos rodea porque,
gracias a ello, somos capaces de sobrevivir.

Te invito a que hagas una lista de las desventajas que supone ser altamente sensible y cómo te sientes con cada una de
ellas. Cuando la tengas, recoge en otra lista las ventajas de serlo
y qué te hacen sentir.

Con estas dos listas ya tendrás la materia prima para empezar a reescribir la historia que te cuentas sobre tu alta sensibilidad.

Recojo aquí unas frases de inicio para que empieces a
contarte tu propia historia:

*He descubierto que soy altamente sensible y esto me ha supuesto una
serie de retos, de desventajas, como...*

«Cuando sucede, me siento...».

«Sé que algunas de estas desventajas no serán fáciles de cambiar, y
esto hace que me sienta...».

«Sin embargo, sé que hay otras que pueden mejorar y estoy dispuesto a...».

*Al mismo tiempo, reconozco que muchas de las cosas que no me gus-
tan forman parte de un todo que también tiene ventajas, como...*

«La alta sensibilidad es un don para...».

«Todo esto me hace sentir...».

«Por eso, sé que conseguiré...».

«De todo esto he aprendido...».

Cambiar la perspectiva sobre tu visión de la alta sensibilidad es el primer paso. El hecho de analizar las ventajas y desventajas te permite tener una visión global de lo que es para ti la sensibilidad, cómo la sientes y decides verla a partir de ahora.

Ni todo es bueno ni todo es malo, pero cada característica tiene ventajas e inconvenientes. Integrarlos te permitirá aceptar lo que no puedes cambiar y ser honesto contigo al plantearte nuevos cambios.

Cuestiona tus pensamientos

Diariamente, producimos unos sesenta mil pensamientos, pero si nos paramos a observarlos nos daremos cuenta de que la mayoría son repetitivos, negativos y relacionados con situaciones pasadas o futuras. Esta remesa de pensamientos condiciona el comportamiento y el estado emocional.

La mente es muy sabia y nos lanza las ideas que utilizamos más a menudo. Adivina, adivinanza, ¿qué sucede si usamos a diario nuestros pensamientos negativos?

El cerebro comprende que los consideramos útiles, y cada vez nos lanza más. Por eso, además de la predisposición a pensar de forma negativa como método de supervivencia, provocamos una cola pesimista en la cabeza.

¿Y si dejaras fluir cada pensamiento negativo que te cruza por la mente? ¿Y si dejaras de creer en él o te lo cuestionaras?

> «Mi mente es como un barrio de mala fama. No me atrevo a entrar en ella».
>
> ANNE LAMOTT

Dar la vuelta a los pensamientos es clave para que no nos creamos la historia que nos contamos. La empatía nos permite ponernos en el lugar de otra persona y convertirnos en observadores externos de la realidad que nos creemos a pies juntillas.

Todo lo que pensamos no es verdad, ya que esta es subjetiva. Cada uno ve la realidad desde su punto de vista. Si somos capaces de observar una situación desde todos los ángulos, podremos entender a los demás aunque no compartamos su visión. Eso nos permitirá cuestionarnos los pensamientos que nos vengan.

Enola Holmes y el supuesto abandono de su madre

Enola es la hermana menor de Mycroft y Sherlock Holmes. Es una jovencita inteligente y salvaje para su época. Vive al final de la era victoriana y se ve obligada a navegar entre el sexismo y los prejuicios. Enola vive con su madre, Eudoria, lejos de sus hermanos. Cuando se despierta una mañana, descubre que su madre no está en casa, que la ha abandonado.

Enola se enfada: «¿Cómo ha podido dejarme sola?».

A su madre le encantan los acertijos y los juegos que se resuelven mediante pistas. De pronto, la muchacha se da cuenta de que Eudoria le ha dejado mensajes ocultos por toda la casa para que los descifre. De esa forma, averiguará qué ha sucedido.

Enola, que al principio se enfada con su madre por haberse marchado, tras observar la situación se da cuenta de que nada es lo que parece.

Desde hace años, su madre la ha estado preparando para que se convierta en una mujer independiente y capaz, así que recaba información sin ayuda y, como una buena Holmes, se pone a investigar. Descubre que Eudoria le ha dejado dinero para que se mantenga y pueda seguir las pistas.

Enola averigua que su madre se ha ido a Londres con las sufragistas para liderar el movimiento que conceda a las mujeres el derecho al voto.

Si Enola se hubiera quedado con su sentimiento de abandono, habría perdido la oportunidad de averiguar la verdad y de contribuir al éxito de una ley que dio el poder de decisión a las mujeres en la vida política.

Da la vuelta a tu pensamiento

Laura espera que la asciendan en el trabajo, ya que se ha ofrecido como candidata para un puesto. El jefe la llama al despacho y le anuncia que se lo han dado a su compañero Carlos.

Siente rabia. Piensa que tantas entrevistas y las largas horas de trabajo duro no han servido para nada. «Mi jefe no me valora. Carlos es un gandul y no sabrá hacer el trabajo».

Es una forma de verlo, pero si nos quedáramos con la

primera reacción emocional o con la percepción que hemos tenido al principio, perderíamos puntos de vista interesantes que nos pueden ayudar a determinar el problema, si lo hay, y cómo solucionarlo.

> «Lo que provoca nuestro sufrimiento no es el problema, sino lo que pensamos sobre él».
>
> BYRON KATIE

Byron Katie es conocida por su método «El Trabajo»,[11] una forma de identificar y cuestionar los pensamientos que nos causan tanto sufrimiento. Con él, puedes encontrar otro punto de vista, desbancar falsas creencias y hallar una versión alternativa que forme parte de la realidad.

> «La realidad es siempre más amable que la historia que creemos sobre ella».
>
> BYRON KATIE

Al principio, su método es incómodo, ya que pretende descubrir qué es verdad en lo más profundo de tu ser. Escucha tus respuestas, no las que están fuera de ti. Sé amable contigo.

Si cogiéramos el discurso interno de Laura («Mi jefe no me valora») y utilizáramos el método de Byron Katie, le plantearíamos las siguientes preguntas:

Pregunta 1. ¿Es verdad?

Laura se enfrenta a la situación de pensar que su jefe no la valora. Es lo que ella cree, pero no tiene que ser necesariamente verdad. Debería tomarse un tiempo para responder a esta pregunta: ¿la ha valorado en otras situaciones? ¿Qué concepto tiene de sentirse valorada? Si la respuesta es:

- Sí: Laura continuaría con la pregunta 2.
- No: Laura seguiría desde la pregunta 3.

Pregunta 2. ¿Tengo la certeza de que eso es verdad?

Los pensamientos se basan en toda una vida de creencias. «Claro que es verdad». Creemos que cualquier historia que nos contamos es la realidad, hasta que nos la cuestionamos. La verdad que creemos conocer es el obstáculo que nos impide ver la auténtica realidad que esconde.

Laura se plantea si su jefe la valora. Muchas veces la alaba delante de sus compañeros y le da flexibilidad de horario cuando lo necesita. Empieza a plantearse que quizá la valora. Cree que deberían haberle dado el puesto, pero la realidad no se basa en «deberías», sino en lo real. No se lo han dado a ella, sino a Carlos. Si Laura sigue pensando que es verdad, pasará a la siguiente pregunta.

Pregunta 3. ¿Cómo reacciono cuando pienso eso?

Con esta pregunta, Laura empieza a notar el efecto que ese pensamiento tiene en ella; aparece una sensación de pánico, miedo e incomodidad por no recibir lo que se merece. Se compara con Carlos. Siente que es injusto. Piensa: «Mi jefe debería valorarme y darme el trabajo». Antes de que este pensamiento cruzara su mente, estaba tranquila y en paz. Comienza a notar el apego a esta idea y le aparecen imágenes que justifican la creencia de que su jefe no la ha valorado en el pasado. Esta pregunta la sume en el origen de su creencia.

Pregunta 4. ¿Quién sería sin ese pensamiento?

Es una pregunta muy poderosa. Laura se ve delante del jefe en esos momentos en los que él debería valorarla, pero, a su juicio, no lo hace. ¿Quién sería ella en ese instante si no tuviera la capacidad de pensar «Mi jefe no me valora»? Con los ojos cerrados, Laura se imagina cómo sería su vida. Se ve tranquila, ya que podría bromear con su jefe y transmitirle sus nuevas ideas. ¿Cómo se siente Laura sin esa historia que se cuenta? En paz, libre, creativa, con ganas de aportar ideas. ¿Qué historia prefiere, la primera o esta?

Sin nuestras historias, sin los cuentos de la lechera, somos capaces de actuar de forma clara y sin miedo. Tocar la realidad sin montarnos películas nos permite ser mejores personas, amables con quienes nos rodean. Y por qué no, más felices. Laura tiene todo lo que necesita. Con o sin la valoración de su jefe, algo depende solo de ella: la historia que se cuenta y la gestión de sus pensamientos y creencias.

Dale la vuelta

El siguiente paso del método de Katie consiste en dar la vuelta al pensamiento original, invertirlo, ponerlo patas arriba, de un lado y de otro. La inversión nos permite ver todos los ángulos de la situación que nos ocupa.

Para ello, Laura debería encontrar tres ejemplos de cada nuevo pensamiento invertido que sean tan ciertos como el primero.

Cambiar el sujeto

- **Pensamiento original:** Mi jefe no me valora.
- **Pensamiento nuevo:** Yo no me valoro.

Laura tampoco se valora. Es la hormiguita que trabaja en el anonimato, asume la responsabilidad de las tareas, pero su labor pasa desapercibida. Rebaja su capacidad para plantear a su jefe nuevas ideas que implementa en la sombra, sin que nadie sepa que está detrás de la estrategia y que no es un resultado fortuito. Llega a la conclusión que debe trabajar su autoestima y confianza. Valorarse es poner sobre la mesa sus preocupaciones, las soluciones que ha pensado, y compartirlas con su jefe. Debe valorarse ella primero.

Del revés

- **Pensamiento original:** Mi jefe no me valora.
- **Pensamiento nuevo:** Yo no valoro a mi jefe.

Laura da vueltas a la idea de que ella no valora a su jefe. Es cierto que su jefe tiene detalles con ella: es flexible con su horario, cada mañana da los buenos días con una sonrisa, alaba su capacidad de calmar a los clientes enfadados... Laura se da cuenta que los pequeños detalles que su jefe tiene con ella a diario, aunque hasta ahora le habían pasado desapercibidos. Decide darle las gracias cuando se presente la ocasión.

El pensamiento opuesto

- **Pensamiento original:** Mi jefe no me valora.
- **Pensamiento nuevo:** Mi jefe me valora.

Sucede lo mismo que en el pensamiento anterior. Laura intenta recordar momentos en los que se haya sentido valorada por su jefe.

El ejercicio no pretende que Laura se sienta culpable, sino buscar alternativas que le ofrezcan paz interior y una visión integrada de la realidad. No todos los pensamientos disponen de estos tres nuevos ángulos, por lo que tampoco debemos forzarlos.

Ahora te toca a ti. Elige un pensamiento y, como ha hecho Laura, dale la vuelta. Puede que te lleves más de una sorpresa.

Diálogo interno

Las conversaciones que mantienes contigo reflejan tu pensamiento. Si te dices que no eres suficientemente bueno o que no conseguirás tus sueños, esas afirmaciones darán forma a tu realidad. Si te dices que no puedes, no podrás.

Sé el animador que cree en ti, te motiva y es consciente de tus errores, pero que en lugar de darte de palos, los usa para mejorar o cambiar de estrategia la próxima vez.

El psicólogo Ethan Kross[12] ha llevado a cabo estudios científicos sobre los efectos del diálogo interno en el comportamiento. Uno de sus descubrimientos consiste en que, al utilizar tu nombre o hablarte en segunda persona, incrementas las posibilidades de tener éxito en una tarea.

En vez de decirte «Debería ir a comprar» (primera persona del singular), afirma «Deberías ir a comprar» (segunda persona del singular).

Mantenimiento de la carretera del pensamiento nuevo

Después de cambiar tu diálogo interno y la historia que te cuentas, el siguiente paso es modificar el lenguaje. Cuando hables sobre ti, céntrate en lo que va bien y en aquello de lo que estás orgulloso. Eso no significa que no comentes lo que te preocupa, pero asegúrate de que lo negativo no se lleve todo el peso de la conversación. No te quejes. Aléjate del pensamiento de víctima de la situación. Aparta el miedo y la sensación de escasez para entrar en la abundancia. Las palabras que salen de tu boca materializan tu pensamiento.

Sé amable con los demás, empático y honesto. Ponte en el lugar del otro pero, al mismo tiempo, sé fiel a tus necesidades.

Deja ir la actitud defensiva, porque sentirte atacado depende de ti, no de lo que digan los demás. Escoge la amabilidad y la asertividad por encima del ego y la defensa.

Elige cómo quieres pensar

Al proponerte una meta, plantéate cómo debe ser tu línea de pensamiento para conseguirla. Si quieres correr un maratón y desde el primer día te dices que no estás preparado, no utilizas la línea de pensamiento de una persona que corre maratones. ¿Qué quieres decirte?

«Correr me libera. Cada día entrenaré para ir subiendo mi marca. Correr es importante para mi bienestar y mi salud mental».

Si cambias tu discurso hacia lo que necesitas para ser efectivo, tienes la mitad del trabajo hecho; solo te queda vincularlo con la acción: establecer un plan de entrenamiento.

Aprende y practica

Lee libros, participa en charlas o apúntate a cursos que estén en sintonía con lo que quieres aprender. La sabiduría está en las palabras. Independientemente de cuál sea tu interés, poner el foco en ese tema y aprender todo lo que puedas acerca de él te aportará información y herramientas para llevarlo a la práctica diaria.

Tribu de pensamiento

Rodéate de personas que piensen como tú quieres llegar a pensar. Si luchas por tener una mentalidad positiva pero te rodeas de quejicas, te costará ser optimista. Arrímate al árbol al que quieres parecerte. Pregunta, observa cómo lo hacen y aplícate el cuento.

Hábitos acordes con tu pensamiento

Adopta hábitos que te permitan pensar como desees. Si pretendes levantarte positivo y enérgico, puede que la mejor opción no sea que te vayas a dormir tarde y con el estómago lleno. Estás cambiando una rutina por un estado de aprendizaje. Cada día, anota lo que aprendas sobre ti, sobre lo que lees o sobre la última práctica o hábito que estás probando. Celebra tus logros.

Fuera de la zona de confort sucede la magia

Si te enfrentas a situaciones desafiantes, tu cerebro tiene la obligación de hacer lo posible para que sobrevivas. No me refiero a que te tires de un puente, pero si te da miedo hablar en público, atrévete a charlar sobre lo que sabes frente a un grupo reducido. De ese modo, retarás al miedo.

Encuentra tu interruptor creativo

La creatividad puede ser tu mejor aliada para encontrar el interruptor que enciende y apaga un sistema nervioso acelerado que va sin frenos y a lo loco, en modo supervivencia.

¿Qué actividades creativas te relajan? Dedicar tiempo a encontrar tu interruptor creativo te ayudará a centrar la atención en una tarea que te ofrezca bienestar y, además, permitirá que tu cuerpo y tu mente recuperen el equilibrio.

Haz una lista de actividades que te relajen. Piensa en lo que te arranca una sonrisa, desde tener flores frescas en un jarrón del comedor hasta una guerra de cojines en pijama, ir en bicicleta, dibujar, cantar, bailar...

Si aún no tienes claro qué actividades podrías hacer para relajarte, prueba. Lánzate a descubrir qué puede ayudarte.

Meditar y respirar

«No sé meditar». Esta es una de las frases más escuchadas en mis sesiones de *coaching* para PAS. Hay una leyenda urbana sobre el hecho de meditar que me gustaría desmentir. No consiste en dejar la mente en blanco y no pensar en nada, sino en saber qué estamos pensando y dejar ir la necesidad de desarrollar el pensamiento.

Imagínate que tu cerebro es una carretera por la que circulan los pensamientos. Piensa en ellos como si fueran coches moviéndose por ahí. Meditar es estar sentado en el margen de la carretera y ver pasar los pensamientos, uno tras otro. «Tengo que poner la lavadora, faltan nueces en la despensa, debo comprar una cartulina, me duele el dedo del pie, tengo la piel seca, qué dolor de cabeza...». La mente nos lanza pensamientos, forma parte de su naturaleza, es inevitable. Pero podemos entrenar la capacidad de observarlos.

El objetivo de meditar es ser conscientes de nuestros pensamientos. Si tenemos la tentación de desarrollar un pensamiento y somos conscientes de ello, podemos dejarlo ir y seguir sentados en el margen de la carretera.

Si, por el contrario, saltamos para montarnos en un coche (pensamiento) y conducirlo a toda velocidad (desarrollarlo), no debemos machacarnos. El objetivo es volver al margen de la carretera cuando veamos que nos hemos alejado de él.

Imagínate que el pensamiento es «Tengo que comprar una cartulina». Si te subes a ese pensamiento, tu mente hará algo así: «Tengo que comprar una cartulina. ¿Adónde voy? ¿Estará la papelería abierta? Mejor blanca. Quizá Din A3, que es más grande. Compraré dos, por si acaso. ¿Necesito algo más? ¿Pegamento? Qué pocas ganas tengo de hacer el collage ahora. Qué pereza. ¿En qué momento decidí apuntarme a un curso de arteterapia? Estoy cansada».

La mente está programada para lanzar pensamientos. El objetivo de meditar es calmarla y dejar que lo haga, pero sin sentirnos obligados a pensar en ellos y desarrollarlos hasta llegar a una conclusión, quejarnos o divagar.

Cuando nos damos cuenta de que llevamos un discurso interno sobre comprar cartulinas, respiramos y centramos la atención en el cuerpo y en la meditación que estemos haciendo. De ese modo volvemos al margen de la carretera, donde podremos ver pasar todos los pensamientos que lanza la mente.

Hay muchos tipos de meditación. Explora la que más te convenga, según tu forma de pensar o de ser, o de tus hábitos y rutinas. Por ejemplo, Netflix incluye en su oferta la *Guía Headspace para la meditación*, una serie para principiantes que recopila las técnicas más comunes y que explica todo el proceso paso a paso.

A continuación te dejo algunos tipos de meditación para que te familiarices con distintos métodos:

- Atención focalizada: usar la respiración para centrar la atención y anclar la mente.
- Escaneo del cuerpo: alinear la mente con el cuerpo mediante una exploración mental de la cabeza a los pies, como si fuéramos fotocopiadoras que analizan cada centímetro del papel de nuestro cuerpo.
- *Notting* (notar): focalizar la atención en la respiración o sentarnos con tranquilidad. Notar las distracciones de la mente. Coger *in fraganti* el pensamiento o la emoción y ser conscientes de ello.
- Visualización: imaginar una situación, un lugar o a una persona. Focalizar la atención en la imagen mental que estamos creando.
- Reflexión: hacernos una pregunta en segunda persona, por ejemplo: «¿De qué sientes más orgullo?». Dejamos que los pensamientos fluyan sin necesidad de responder-los. De esa forma, centramos la consciencia en los senti-mientos que aparecen y no tanto en los pensamientos.

Hay meditaciones que duran unos minutos y otras incluso horas. Utiliza apps móviles como Calm, Headspace o Simple

Habit. También puedes escuchar meditaciones en YouTube o practicar las tuyas.

Un estudio de la Universidad de Harvard[13] descubrió que la meditación puede ser tan beneficiosa como irse de vacaciones. Además, el efecto es de larga duración. ¿Te apetecen unas vacaciones diarias desde el sofá de tu casa?

El jardín interior

Con esta práctica te guiaré a través de una visualización para que conectes con tu jardín interior. Cuando hayas entrenado la imagen del jardín, podrás hacer esta meditación en cualquier lugar: en la cola del supermercado, cuando te desplaces en transporte público, incluso mientras caminas por la calle, con los ojos abiertos, claro.

Siéntate en un lugar cómodo y cierra los ojos. Sé consciente de tu cuerpo, comprueba que está relajado y que tienes la espalda recta. Observa tu respiración sin cambiar nada. Relaja el cuerpo, los hombros, las piernas, el entrecejo.

———————

Respira profundamente. Visualiza la entrada de un jardín. Conecta con él. Siéntelo.

Te adentras descalzo en un sendero lleno de vegetación. La hierba se cuela entre tus dedos, aún húmeda por el rocío de la mañana.

En los árboles crecen enredaderas que suben por el tronco hasta llegar a lo más alto de sus copas, donde no alcanza la vista.

Las enredaderas te dan la bienvenida a tu jardín. Suben por tus pies, te acarician la piel, te muestran un camino que se abre ante ti. ¿Qué plantas crecen en tu jardín?

Observas las flores que decoran este paisaje tan bonito. Decides salir a pasear por los campos de flores bañados por el sol.

Adéntrate en tu jardín. Camina por él. Descubre el paisaje que se abre delante de ti.

Escuchas un torrente de agua, el sonido entra en tus oídos. Intentas averiguar de dónde viene.

En el horizonte, ves un pequeño riachuelo con piedras redondeadas por las caricias del agua, que luce fresca y cristalina. El sonido del torrente te invita a poner un pie en el río.

El agua se desliza entre los dedos de los pies. Los mueves, siendo uno con el agua. Navegas en su fluir.

La brisa te acaricia la mejilla, oyes cantar a los pájaros, las hojas se mueven de un lado a otro con un movimiento delicado y dulce.

Los sonidos de la naturaleza te envuelven. Metes las manos en el agua, abrazas el torrente que discurre río abajo. Notas las piedras suaves que masajean las plantas de tus pies.

Reemprendes la marcha adentrándote de nuevo en el sendero, deshaciendo el camino hasta llegar a la entrada del jardín.

En la puerta, de pie, recuerdas todo lo que has visto, lo que has oído y cómo te has sentido. Guardas el jardín en un espacio de tu cuerpo. Con una mano, como si pudieras cogerlo con los dedos, pones la palma en la zona donde quieres conservarlo para adentrarte en él siempre que lo necesites. Deja que tu mano resguarde el jardín.

Poco a poco, empiezas a ser consciente de los sonidos que hay a tu alrededor. Notas tu cuerpo sentado, el peso de las piernas, de los brazos, de la espalda. Vuelve a tu cuerpo y al espacio que te rodea. Cuando estés listo, abre los ojos.

Con la mano apoyada en el espacio de tu cuerpo donde has guardado el jardín, recuerda que siempre puedes volver a él, explorar sus senderos y encontrar la calma del jardín que vive en ti.

———————

Tu jardín es un espacio de armonía y calma que vive en ti, por lo que siempre puedes volver. Recuerda en qué parte del cuerpo has guardado la memoria del jardín, ya que disponer de un espacio de calma portátil imaginario es muy útil. En casa, podemos refugiarnos en una habitación o aislarnos para volver al espacio de equilibrio. El jardín interior es un recurso que te acompaña allí donde vas.

Respiración de la caja: 4 × 4 × 4 × 4

La respiración se ve afectada cuando nos alteramos, sobresaturamos, estresamos o sentimos ansiedad. Respiramos a golpes, con inhalaciones cortas que nos dejan sin aliento. La angustia nos come, aumentan las pulsaciones y no pensamos con claridad. También se manifiesta en forma de sudores fríos y temblores.

Si nos centramos en la respiración y gestionamos los tiempos de inhalación y espiración, podremos comunicar al cuerpo que todo va bien cambiando el ritmo de la respiración.

Esta respiración se conoce como «caja», ya que tiene cuatro pasos de cuatro segundos cada uno, como si fuera una caja cuadrada.

1. Inspira contando hasta cuatro.
2. Aguanta la respiración contando hasta cuatro.
3. Espira contando hasta cuatro.
4. Aguanta sin aire en los pulmones contando hasta cuatro.

Al principio puedes repetir el ciclo hasta diez veces. Son muchas las ocasiones en que podrás usar esta respiración: antes de una reunión, en una situación en que presientes que estás a punto de saturarte o en una conversación conflictiva. Cuando creas que necesitas volver a la calma, respira.

Por suerte, la respiración es un acto inconsciente, lo hacemos sin pensar. Si nos centramos en la respiración, tomamos las riendas de esa sensación. Respirar lento y a un ritmo constante hace descender el cortisol, la hormona del estrés.

Unas bocanadas de aire de $4 \times 4 \times 4 \times 4$ y, poco a poco, la calma relajará la respiración.

Cómo salir del modo supervivencia

El primer paso es reconocer que estás en ese modo. Observa cómo se manifiesta en ti y averigua qué te ayuda a salir de ahí.

Mover el cuerpo con ejercicio moderado, como con el yoga, el qigong o el taichí, ayuda a calmar cuerpo y mente. La meditación y la visualización favorecen que el sistema simpático deje de estar al mando y que el parasimpático entre en acción para llevarnos a la calma.

El ejercicio físico y una buena gestión de la respiración permitirán que nuestro cuerpo libere la tensión acumulada durante el modo supervivencia.

No subestimes el poder de tu tribu del alma: amigos, parejas, compañeros... Esa red también te nutre y te sostiene en momentos de estrés. Tómate tiempo para disfrutar de la compañía y compartir lo que te corroe por dentro.

No te compares. Todos somos distintos, cada uno con sus habilidades y recursos. No eres la fotocopia de nadie.

Centra tu esfuerzo en la inspiración, motívate. Valórate y valora a los que te rodean. Te darás cuenta de la suerte que tienes y de los cientos de motivos para celebrar y sentirte feliz.

Es necesario que salgas de ti y que, en vez de centrar toda tu energía en el estrés, pongas parte de la atención en los demás. Todos tenemos heridas y momentos pasados que superar, pero si prestamos ayuda a los demás, podemos encontrar el equilibrio entre tomar la responsabilidad de nuestra vida y conectar con los demás.

Cambiar el discurso interno, cuestionar los pensamientos y cultivar una perspectiva amplia de la realidad hace que no nos tomemos las cosas tan a pecho. No hay una única visión de la realidad, y la percepción sensitiva es, a veces, el ancla de las conclusiones erróneas que extraemos.

Como PAS, tendemos a la sobresaturación cuando nos anclamos en el modo supervivencia. Nos agobiamos, evitamos situaciones que nos incomodan, nos frustramos y nos aislamos. O, por el contrario, vamos al otro extremo. Nos convertimos en personas dependientes, nos asusta que nos abandonen, no ponemos límites saludables y la culpa nos invade.

Debemos aprender a situarnos en el punto medio del espectro, donde la saturación no lleva las riendas de nuestra vida y somos capaces de gestionarla. En el equilibrio ideal, somos capaces de ser empáticos con nosotros y de entregarnos un amor propio que nos permite marcar límites personales saludables. Además, nos concedemos un espacio personal que nos nutre y que, al mismo tiempo, nos conecta con los demás desde una perspectiva auténtica y genuina.

Ahora te invito a hacer un inventario de tu vida. Reflexiona sobre tu día y sobre las personas que te rodean. ¿Qué hábitos te ayudan y cuáles deberías cambiar? ¿Qué personas contribuyen a tu bienestar y cuáles no? ¿Qué actividades te relajan?

Para ver el camino, la gratitud es clave; permite que nos demos cuenta de la suerte que tenemos. Da las gracias, aprecia a todas y cada una de las personas con las que interactúas.

El modo supervivencia nos recuerda que estamos vivos, que luchamos cada día para perder de vista al león que nos persigue. Depende de ti que hagas *sprint* por el bosque como motivación para conseguir tus sueños.

Debes dejar de sobrevivir y vivir de una vez. Centra la atención en el presente, en el aquí y ahora. Deja ir la necesidad de controlar. Haz que se evaporen todos los pensamientos relacionados con lo que quieres tachar de tu lista de tareas. Tu único deber es estar presente en cuerpo y mente, allá donde estés. Al fin y al cabo, depende de ti, y eso es una gran noticia. Está en tus manos.

5

El entorno

El entorno tiene un gran impacto en la sensibilidad que traemos de serie. Los ambientes estresantes, como los espacios ruidosos, llenos de gente, con malos rollos y tensión emocional, son dinamita para nuestro sistema nervioso sensible.

Según el doctor Thomas Boyce,[1] las PAS somos propensas a ponernos enfermas en ambientes estresantes. Podemos sufrir ataques de pánico, depresión, enfermedades autoinmunes e incluso dolencias físicas.

Piensa en algún momento de tu vida en el que hayas estado más enfermo de lo normal. ¿Cómo era tu ambiente personal o laboral? No siempre estará vinculado, por supuesto. Sin embargo, hacer un repaso mental de la relación con el entorno, si la hay, nos sirve para darnos cuenta de qué ambientes debemos potenciar y cuáles debemos evitar.

No todo son malas noticias. Si en un entorno poco favorable tendemos a enfermar, podemos florecer cuando estamos en un lugar en calma.

La «susceptibilidad diferencial» es el hecho de sentirnos condicionados por el entorno hasta tal punto que se genera un impacto positivo o una afectación negativa que puede llegar a provocar una enfermedad.

En sus estudios, Boyce se dio cuenta de que los niños altamente sensibles alcanzaban un mayor rendimiento en ambientes calmados. El lado positivo de la susceptibilidad diferencial se traduce en:

- Mejor estado de salud.
- Mejor resultado académico e incluso desarrollo de altas capacidades.
- Destacar en diferentes ámbitos, incluyendo la creatividad.

Las ventajas de estar en un entorno favorable hablan por sí mismas. De niños, apenas podíamos decidir cómo era nuestro entorno, pero de adultos tenemos la responsabilidad de gestionar el espacio que nos rodea y adaptarlo a nuestras necesidades siempre que sea posible.

Tu cuerpo te dirá alto y claro qué sucede. Es importante que tengas una cita contigo para observarte y comprobar tu estado físico, emocional y mental. Si te sientes identificado con las señales que menciono a continuación, probablemente necesites descansar y buscar un entorno que te permita alcanzar el equilibrio:

- Tu corazón late muy rápido.
- Respiras de forma entrecortada.
- Padeces dolores de cabeza.
- Sientes el estómago revuelto.
- Estás cansado todo el tiempo.
- Has perdido el entusiasmo.
- Te cuesta concentrarte y te olvidas de las cosas.

- No puedes dormir o te despiertas muy a menudo.
- Enfermas con facilidad.
- Tienes cambios repentinos de apetito: pasas de no tener hambre a engullir como si no hubiera un mañana.

GESTIONA EL ENTORNO QUE DEPENDE DE TI

Ya sabemos que el entorno nos afecta tanto de forma positiva como negativa. Por ello, es vital contar con un espacio para retirarnos y recargar energía. No hacen falta grandes infraestructuras; con pequeños trucos crearemos espacios de calma y tranquilidad sensorial.

En casa

Tenemos un control casi total del ambiente, sin tener en cuenta las habitaciones que compartimos con el resto de la familia. Sin embargo, podremos adaptar el espacio a nuestras necesidades.

Consejos para un dormitorio/remanso de paz:

- Utiliza cortinas oscuras o foscurit, ya que te permitirán dormir mejor. Somos sensibles tanto a la luz natural como a la artificial, por lo que tener la posibilidad de oscurecer la habitación cuando nos convenga es una ventaja muy importante.
- Invierte en ropa de cama de calidad, es decir, que la textura sea agradable al tacto y lo más natural posible.

En invierno, es importante que la manta o el edredón pesen. Está comprobado que el peso calma a las personas con sensibilidad sensorial.

- Colchón y cojines de calidad. Cada uno tiene sus preferencias acerca de la dureza del colchón, pero dormir bien es esencial para que se asiente la información recibida durante el día y la mente se relaje. No escatimes.

- Separa la zona de trabajo de la de dormir. Puede parecer absurdo, pero una mesilla de trabajo en la habitación puede generar conexiones inconscientes; por lo tanto, nos costará más dormir en un espacio que asociamos con estar activos mentalmente y trabajar.

- Los colores neutros promueven un ambiente de calma perfecto para dormir. Los grises, los blancos, el color arena de playa y algunos detalles azules o verdes harán que la paz y la calma se apoderen de tu espacio.

- No tengas aparatos eléctricos en la habitación; de ese modo evitarás que la luz azul jaquee tu ciclo de sueño.

Consejos generales para la casa:

- Las plantas y flores mejoran tu humor, ya que aumentan los niveles de dopamina y oxitocina. ¡Ponle un poco de verde a tu casa!

- Regula la luz: utiliza reguladores o diferentes tipos de lámparas que te permitan elegir qué tipo de luz necesitas en cada momento.

- Pon purificadores de ambiente para los lugares con malos olores, como la zona donde se tira la basura. Los difusores de aceites esenciales son un buen recurso. Podemos relajarnos con lavanda o mejorar nuestro humor con naranja dulce. Hay un aceite esencial para cada necesidad. Averigua cuáles se adaptan a ti. Consulta con un especialista.

- Organización: cuanta más armonía visual haya, más paz te dará tu espacio. Tener organizadores en armarios y cajones te permitirá colocar tus pertenencias en categorías y encontrarlas con facilidad, además de dotarlas de belleza visual. Bonito y organizado.
- Sillas ergonómicas: si trabajas en casa, es importante que tu silla sea tu templo. Si pasas muchas horas sentado, cuida la postura y la comodidad. Tu espalda te lo agradecerá.
- Auriculares de cancelación de ruido: son un buen recurso si trabajas con el ordenador, ya que te permiten aislarte del sonido ambiental. De este modo, podrás realizar tus tareas en cualquier lugar.
- Electrodomésticos sensibles: existe una gama de electrodomésticos que apenas hacen ruido.

En el trabajo

No tendrás tanta libertad como en casa, pero puedes hacer algo para sentirte a gusto con tu espacio. Como mínimo, tendrás un escritorio y quizá un par de cajones, una taquilla o una estantería.

Consejos en el trabajo:

- Utiliza flores y plantas de un tamaño discreto, como un pequeño cactus o una flor en un jarrón.
- Si tienes un trabajo de oficina, pide que te pongan una silla ergonómica y una alfombrilla acolchada para escribir en el ordenador.
- Ten a mano refrigerios saludables: frutos secos, té o agua para hidratarte a menudo.
- Quizá puedas regular la luz; una pequeña lámpara de escritorio te servirá.
- Haz tuyo el espacio: imágenes que te calmen, texturas (una taza de té, platos de bambú para el almuerzo, una chaqueta fina para el frío...).
- Aceites esenciales en *roll-on*, que puedes aplicarte cuando los necesites.

Apps en el móvil para tus descansos, con las que puedas meditar, escuchar música, etc.

Minimalismo mental

El caos o el orden interior se traslada al exterior. Nuestro espacio es sagrado, así que decidir qué objetos necesitamos y cómo colocarlos nos permite fluir por la vida con facilidad. Esta es una de las claves de la calma interna.

En una sociedad consumista como la nuestra, nos bombardean a diario con mensajes de los medios de comunicación que nos recuerdan que siempre nos falta algo. Por ejemplo, necesitamos el móvil que acaba de salir al mercado, aunque solo incluya un pequeño cambio respecto al modelo anterior. Disponer de lo último nos ofrece un «micromomento» de felicidad. Buscamos «microfelicidades», migajas de felicidad que nos proporcionan una recompensa inmediata.

Premiarse es una buena forma de motivación, pero si la recompensa pretende hacernos sentir mejor a base de golpes de tarjeta, llegará un momento en que se nos llenará la vida y la casa de objetos innecesarios que no nos aportarán felicidad. De hecho, solo lograremos llenar el salón de obstáculos.

No necesitamos ni la mitad de lo que tenemos. ¿Cuántas veces nos hemos sorprendido al abrir un armario y encontrar ropa que no recordábamos haber comprado? Platos olvidados en el fondo del armario de la cocina. Jabones de hotel que, con toda la buena intención, guardamos por si las moscas y que ahora se apilan unos encima de otros.

Pensamos: «En algún momento lo haré, lo usaré, lo necesitaré». Pero ese instante nunca llega. Mientras, llenas tu casa de objetos que no necesitas y que te quitan espacio para disfrutar. Llenamos la mente de pensamientos inservibles que no dejan hueco a los pensamientos constructivos y creativos, el abono fértil para encontrar soluciones y vivir la vida que queremos.

No subestimes la importancia del espacio, los objetos que posees o el disfrute que te proporcionan. No es lo mismo escoger un objeto porque es funcional que haber sentido un amor a primera vista con él.

Quería comprarme una tetera porque la costumbre del té me ha acompañado desde que viví en Londres. Sin embargo, no me conformaba con una cualquiera. Cada vez que me planteo comprarme un objeto, aunque solo tenga una función básica, pienso que debe compartir su esencia conmigo.

La tetera forma parte de mi momento de calma, así que no solo busco un recipiente que contenga el té de las cinco; quiero ver una tetera humeante encima de la mesa porque me encanta la sensación que me produce verla. Sonreír, observar su belleza y que su color me entre por los dedos.

Por lo tanto, no vale cualquiera. Prefiero mirar cientos hasta que surja la chispa con una y sepa que es la mía.

Por supuesto, a veces necesito para ayer pinzas para tender la ropa y no puedo ir buscando la pinza perfecta. En la medida de lo posible, busco objetos importantes para mí, porque cuando entran en mi vida y en mi espacio no solo tienen una función. Tanto la estética como los sentimientos que me conectan y me producen están también en el centro.

Cuando conectemos con lo que compramos, nos daremos cuenta de que ni todo es necesario ni todo nos servirá. Por lo tanto, precisaremos menos pertenencias, pero las que decidamos tener obtendrán un gran valor, no solo funcional. Mi tetera está expuesta en el comedor, donde la admiro y la aprecio. Además, me regala unos momentos de té deliciosos.

Con la mente sucede lo mismo. Puedo hacer una lista de la compra de pensamientos para ver cuáles pongo en el carro. Muchos no me interesan; aunque sean funcionales, no los necesito. Busca la tetera de tus sueños entre la lista de tus pensamientos. Si no es funcional y no te toca el alma, quizá no lo necesites. Piénsalo.

Cómete el mundo a bocados

Comer sano es fundamental para sentirnos bien con el cuerpo y centrar la mente. Estas son algunas de las claves para comer de forma saludable y potenciar el equilibrio de tu sistema sensible:

- Comida real: frutas, verduras, legumbres, pescado, carne o proteínas vegetales, semillas...
- El plato saludable base contiene un 50 por ciento de verduras y frutas, un 25 por ciento de granos o legumbres y otro 25 por ciento de proteínas saludables.
- La calidad de los alimentos importa. Si son de origen animal, hay que saber qué han comido y cómo se han criado. Si son de origen vegetal, el tipo de cultivo y la ausencia de químicos en su producción determinará la calidad del alimento.
- Si son productos envasados, fíjate en las etiquetas y en los ingredientes. Si no los entiendes, no serán muy naturales...
- Evita los productos procesados, refinados, con aceites hidrogenados, grasas transaturadas y edulcorantes artificiales.
- Ten a mano un suplemento de magnesio.

En *El arte de la empatía*[2] hablo largo y tendido acerca de la alimentación saludable, la suplementación y las hierbas medicinales para personas altamente sensibles.

Hábitos de un cerebro feliz

Los hábitos marcan la hoja de ruta de nuestra vida. Si quieres leer, deberás tener un libro a mano. Quizá parezca una tontería, pero a veces tenemos la intención conceptual de leer sin disponer de un libro.

Si quieres leer, mete un libro en tu mochila; ten libros a mano en el móvil, en el baño de casa y en la mesita de noche. En todas partes. Escoge lecturas que te enganchen y busca un momento en el que puedas ponerte a leer aunque sean solo unos minutos. En el transporte público o sentado en la taza del váter. También puedes escuchar un audiolibro mientras cocinas o pasas la mopa.

Encadenar hábitos es una estrategia útil para automatizar procesos. Si cada día te levantas, te duchas, te lavas los dientes y desayunas no te costará añadir otro hábito antes, después o mientras realizas el resto de las tareas. Ya tienes una cadena lógica de hábitos, así que, de forma intuitiva, podrás añadir otros nuevos o reemplazarlos, como cambiar tu taza de café por una de té.

Cuanto menos tengamos que pensar en que debemos hacer una actividad, más oportunidades de éxito tendremos. Formará parte de la rutina y de nuestro sistema hasta que decidamos cambiarlo.

Los hábitos nos proporcionan la base sobre la que construimos nuestros planes a medio y a largo plazo. Gracias a ellos, sembramos a diario las metas a corto plazo para recoger los frutos al cabo de un tiempo.

Neuroquímica diaria

La neuroquímica diaria está muy relacionada con nuestros hábitos. Un nuevo hábito crea y fortalece nuevas conexiones en el cerebro.

Vivimos con el piloto automático activado. El cerebro utiliza por defecto las autopistas, es decir, los caminos que siempre recorremos y por los que podemos ir a más velocidad, ya que conocemos la ruta.

Si siempre seguimos el mismo camino para ir a casa, las piernas van solas y no tenemos que pensar por qué calle debemos girar. Nos acostumbramos al paisaje e interiorizamos el trayecto.

Si decidimos cambiar de ruta, el cerebro toma una carretera secundaria con curvas e imprevistos. No conoce el camino, así que debe prestar atención; le cuesta avanzar, pero no porque ese camino sea más difícil; solo es nuevo.

Somos adictos a la neuroquímica que segrega el cuerpo con las actividades que hacemos. Cuando nos sentimos bien, el cerebro segrega dopamina, serotonina, oxitocina o endorfinas. Tu cabecita siempre quiere más química de la felicidad y la busca en toda ocasión.

El cerebro no segrega estos químicos a no ser que cubramos una necesidad de supervivencia como comer, sentirnos seguros o encontrar un soporte social. Una vez cubierta, volvemos a un estado neutral. Por eso sentimos las subidas y las bajadas del estado emocional. Es normal, así funcionamos.[3]

Nos autosaboteamos con hábitos que perjudican nuestra supervivencia. Y te estarás preguntando: «¿Nuestro cerebro premia hábitos que no son buenos?». Pues sí. Después del fogonazo químico sentimos que algo no va bien, así que tenemos unas ganas irrefrenables de volver a notar ese fogonazo de felicidad rápida.

Eso es lo que sucede cuando comemos de forma compulsiva o cuando somos adictos a una relación tóxica. Sabemos que estas situaciones no nos convienen, pero nos proporcionan un fogonazo rápido de aparente felicidad. Sin embargo, cada vez necesitamos más para mantener ese espejismo.

Todos tenemos hábitos felices, como picar entre horas o hacer ejercicio, gastar de forma compulsiva o ahorrar, aislarnos o salir de fiesta cada fin de semana, discutir o hacer las paces.

Si siempre buscamos más de esta felicidad química, podemos llegar a sobrepasarnos con un hábito hasta que dejemos de ser felices con él. La buena noticia es que podemos crear un hábito saludable que sea capaz de encender el torrente químico de la felicidad.

La dopamina es la hormona de la motivación y de la anticipación. Es la culpable del subidón que nos aportan los *likes* en Instagram o en Facebook. Nos hace comer más o ir en busca de orgasmos con el placer sexual.

La dopamina no es mala, pero provoca una felicidad de rápida absorción que causa adicción. Es la recompensa inmediata que surge cuando abrimos esa caja de galletas con la intención de comer una y, por arte de magia, vaciamos la caja entera. La dopamina es la reina del corto plazo, y nos genera una sensación de culpabilidad después del subidón de la galleta inicial.

Al implementar nuevos hábitos, nos producen endorfinas, pero no causan adicción; por lo tanto, cuesta mantenerlos y requieren de disciplina. Los hábitos adquiridos con anterioridad nos dan seguridad porque los conocemos y nos parecen cómodos. Los nuevos hábitos, sin embargo, son caminos peligrosos en la jungla y, cuando los recorremos, nos agotan al esquivar las malas hierbas. Debemos entrenar el cuerpo para andar por caminos nuevos y, poco a poco, también el cerebro se acostumbrará a segregar químicos felices.

Las endorfinas son las responsables de enmascarar el dolor o la incomodidad, así que tienen una relación directa con el modo supervivencia. En su versión feliz, las endorfinas generan ese impulso que nos ayuda a seguir en la cinta de correr o a hacer pesas hasta que los brazos empiezan a resentirse. Son el empujón de la superación.

Igual que las galletas nos producen esta adicción de dopamina, los pensamientos también. Nos volvemos adictos a ellos, por eso nos cuesta cambiar el ciclo de discurso interno.

Con la meditación conseguimos observar nuestros pensamientos, mantener las distancias y contemplarlos desde lejos, sin reconocernos en ellos.

> «No eres tus pensamientos».
> ECKHART TOLLE

Podemos decidir lo que pensamos, pero primero debemos observar nuestros pensamientos. Con la meditación, regeneramos la red por defecto, y las autopistas de la mente pueden convertirse en carreteras secundarias si no nos interesa adónde nos llevan. Y viceversa. Podemos gestionar y controlar adónde queremos dirigir los pensamientos.

La oxitocina es el neuroquímico que nos permite ser animales sociales. Tiene relación con la empatía y la conexión que sentimos al estar con otras personas cuando la segregamos.

Por otro lado, si estamos de buen humor o de mala leche, debemos agradecérselo o culpar a otro regulador neuroquímico, la serotonina. Curiosamente, el 80 por ciento se genera en el estómago. Sí, has leído bien. Lo que comemos determina, en gran parte, si nos levantamos con el pie izquierdo o con el derecho.

6

La maquinaria PAS

Has comprado un lavavajillas. Piensas que sabes cómo funciona y que ese manual de instrucciones con la densidad de una enciclopedia no es para ti.

Te dices: «Ya sé cómo va».

No cuestiono tu capacidad de dar al botón de encendido y poner jabón para lavavajillas en el lugar apropiado. Sin embargo, puede que haya programas y funcionalidades que no descubras porque has eliminado la opción de utilizar el manual o no te interesa adentrarte en las instrucciones.

Hemos hablado de las PAS y de cómo funcionamos, de herramientas y técnicas que te permitan entender los botones básicos. Pero ¿qué otros programas tenemos? ¿Qué más piezas hay?

Como PAS, nuestra maquinaria se compone de un cableado neuroatípico y de un sistema nervioso sensible. Para ambos componentes, necesitamos un manual de instrucciones.

El papel que desempeña el sistema nervioso

El sistema nervioso juega un papel clave respecto a cómo nos sentimos y actuamos a diario. Para las PAS, conocerlo y cuidarlo es uno de los secretos mejor guardados para dejar de ver la sensibilidad como un obstáculo y utilizar la inteligencia sensorial en beneficio propio.

Necesitamos un equilibrio entre los momentos de actividad y los de relajación. Hoy en día funcionamos sin tiempo para descansar.

Mis abuelos me contaban que, en su época, durante las vacaciones, iban a la casa de campo de la familia o alquilaban un apartamento en la playa. El objetivo era no hacer nada. Ahora, nos vamos de vacaciones con una lista interminable de actividades que, por divertidas que sean, no nos permitirán tomarnos un respiro porque nos mantendrán siempre ocupados.

Hemos perdido tiempo de relajación. Esos momentos de no hacer nada y de tranquilidad se han evaporado.

EL SISTEMA NERVIOSO SENSIBLE

Entender cómo funciona el sistema nervioso sensible forma parte de quiénes somos y de cómo funcionamos. Entendernos no solo a nivel psicológico sino también a nivel físico e incluso anatómico, nos aporta información valiosa para la autorregulación. Primero, debemos entender todos los botones internos que tenemos; de este modo, cuando haya un interruptor encendido, podremos saber cuál es y por qué se ha activado.

El sistema nervioso autónomo controla el latido del corazón, la digestión y el sistema urinario. Es, además, el centro de control de la respuesta de lucha o huida, es decir, del modo supervivencia.

El sistema nervioso autónomo está formado por el sistema simpático (el acelerador) y el parasimpático (el freno). Veamos el funcionamiento de ambos sistemas en el manual de instrucciones práctico para que sepamos cómo poner los pies en cada uno.

El sistema nervioso autónomo es como un coche. Tenemos un pie en el acelerador (el sistema simpático) y otro en el freno (el sistema parasimpático). Puede que en algún momento quitemos el pie del freno; al no saber cómo parar, el pie pisa el acelerador y el motor echa humo. Si no podemos parar el coche, tendremos que abrir la puerta y tirarnos a la carretera o esperar a chocar con algo.

Si aprendemos a poner un pie en el freno del sistema nervioso y el otro en el acelerador, podremos dominar el coche para que él no nos controle.

En el caso de las PAS, el sistema nervioso responde con mayor facilidad a los cambios del entorno, y sus respuestas son de larga duración. Cuando nos enfrentamos a estímulos físicos, sensoriales o emocionales, de inmediato se nos enciende el modo supervivencia. De esta forma, el cuerpo nos protege de un posible ataque: cuando vemos una película violenta, oímos gritar a alguien, o la bocina de un coche o el sonido de una ambulancia. Cuando percibimos un olor fuerte o tocamos una tela que pica. El sistema nervioso considera que esos estímulos son agresiones.

¿Alguna vez te has asustado y tu cuerpo ha tardado unos minutos en calmarse? En esas situaciones, notas que el corazón se te va a salir por la boca, y aunque sabes que no hay peligro, tu cuerpo necesita un tiempo para volver a la normalidad. Puede que te hayan tachado de exagerado por tu reacción, pero es habitual con un sistema nervioso sensible.

Quizá estos estímulos que sentimos a nivel sensorial como un ataque nos hacen reaccionar como los locos en ciertos momentos. Tenemos reacciones emocionales desmedidas, nos asustamos con facilidad y, después, nos cuesta recuperar el equilibrio.

Debemos mantener una buena relación con el sistema nervioso. Veamos algunos truquitos para acelerar y frenar a su debido tiempo.

El sistema simpático

Este sistema se encarga de mantenernos diligentes y ocupados, pero también enérgicos y alegres. Si queremos sentirnos activos, podemos encender el sistema simpático con una ducha de agua fría.

Uno de los trabajos más duros que acomete es encargarse del modo supervivencia. Su tarea principal es preparar el cuerpo para huir o para luchar.

Puede que, como consecuencia de estar en el modo supervivencia permanente, padezcas contracturas musculares debido a la tensión; también migrañas, y que te cueste tomar decisiones, planificar o razonar. Incluso puedes tener problemas de memoria.

Cuando la razón se altera, la emoción toma el mando. Vamos con el piloto automático. Nos mostramos más irritables. No pensamos tanto, es decir, somos más impulsivos. Cuando se sobresatura el sistema, nos cuesta prestar atención y olvidamos lo importante. También nos es dificultoso aprender y se reduce la concentración.

Seguro que recuerdas alguna situación en la que notabas que la mente se nublaba, tenías una atención dispersa y tardabas horas en realizar una tarea que sueles completar en minutos.

El sistema parasimpático

Este sistema se ocupa de la digestión y es el *spa* del cuerpo en el que relajarnos. Es el modo óptimo para resolver problemas y conectar con la intuición. Desde ella, podemos acceder a la empatía, la imaginación y la creatividad.

Podemos activar el sistema parasimpático realizando las siguientes actividades:

- Tomar baños de agua caliente.
- Darnos un masaje en los pies o en las piernas, aunque también podemos pedir cita para un masaje relajante.
- Dormir un mínimo de ocho horas al día y beber suficiente agua.
- Tomarnos una pausa cuando la necesitemos y mantener un estilo de alimentación y de vida saludable.
- Reducir los estimulantes, como el café y el té.
- Caminar rápido cuando estamos ansiosos o estresados nos ayuda a aliviar la tensión muscular. También nos permite aumentar la respiración profunda.
- Entrenar el foco y la atención selectiva para aprender a gestionar los estímulos con algunas de las propuestas que hemos mencionado.
- Meditar te ayudará a ser consciente de tus pensamientos y a liberar los que no te interesa desarrollar. Tu sistema

estará más equilibrado si reduces tus pensamientos intrusivos o de anticipación, así como los relacionados con la ansiedad y el miedo. Los pensamientos negativos te hacen segregar adrenalina y cortisol.

- Visualizar un espacio de calma. Imagina tu rincón favorito o un espacio en la naturaleza: la montaña, un lago, el mar...
- Trabajar diferentes tipos de respiración. Tenemos como ejemplo la respiración coherente, que nos ayuda a calmar el latido del corazón. Inhala durante seis segundos y exhala durante otros seis. Cuando respiramos a un ritmo lento, el cuerpo recibe el mensaje de que todo va bien y el sistema parasimpático se pone en marcha.
- Tomar conciencia del cuerpo practicando yoga, qigong, taichí o cualquier otra disciplina que trabaje el cuerpo y la mente a la vez. Estas prácticas inducen la calma a través del movimiento, la respiración y la atención.
- Actividades creativas: bailar, cantar, dibujar, pintar, hacer manualidades, tocar un instrumento, etc.

Aquí te dejo uno de mis consejos favoritos: tócate los labios.

¿Sabías que los labios tienen fibras parasimpáticas?[1] Pasarte los dedos por los labios puede estimular el sistema nervioso parasimpático y calmarte en cuestión de segundos.

La próxima vez que estés estresado o ansioso, frótate suavemente los labios de un lado a otro con las yemas de los dedos y observa qué sucede en el cuerpo. ¡Pruébalo!

El nervio vago: el interruptor del sistema parasimpático

«El nervio vago, el más largo de todos los nervios craneales, es el encargado de controlar el sistema nervioso parasimpático y supervisa, por así decirlo, un enorme rango de funciones cruciales para la salud, comunicando impulsos sensoriales y motores a cada uno de los órganos de nuestro cuerpo», explica Navaz Habib en *Activar el nervio vago*.

La mayoría de los controles del sistema nervioso parasimpático dependen del nervio vago. Se ocupa de regular el corazón, los pulmones, las vías respiratorias, la vesícula biliar, el hígado, el estómago, el páncreas, el bazo, los riñones y el intestino delgado. El funcionamiento de este nervio afecta de un modo determinante a la salud.

El nervio vago se encarga de varias funciones vitales:

- **Controlar la inflamación del cuerpo.** Es una de las principales funciones del nervio vago. Las neuronas envían los mensajes a través de señales eléctricas y, cuando estas llegan al final del nervio, liberan una señal química que se llama «neurotransmisor». El principal neurotransmisor del nervio vago es la acetilcolina, que tiene un efecto regulador de la inflamación en el cuerpo.

  Existen ciertas enfermedades o trastornos —como el asma, la artritis, la diabetes o el Alzheimer— que tienen en común unos altos niveles de inflamación.

- **Deglución.** Cuando comemos, no pensamos en tragar de forma consciente; es un proceso que realizamos de manera automatizada al comer. Controla la capacidad de deglutir, así como el reflejo que nos provoca náuseas si un alimento entra en contacto con el final de la garganta o con la base de la lengua. Por lo tanto, evita que nos atragantemos.

- **Habla y respiración.** El nervio vago actúa como un titiritero y se encarga de mover los músculos que nos permiten respirar y comunicarnos de forma oral. Durante la digestión, la respiración es más larga y profunda, ya que se origina en el diafragma. Si queremos salir del modo supervivencia, la respiración larga y profunda activa el nervio vago.

- **Rugido de la selva y saciedad.** El nervio vago está conectado con el cerebro y le envía información mientras comemos. Como un buen contable, averigua cuántas grasas hemos ingerido y pasa el parte al cerebro. Es el nervio encargado de mandar el mensaje de saciedad.

  ¿Qué sucede si el nervio vago está poco activo o más vago de lo normal? Puede que no sea capaz de transmitir al cerebro que estamos saciados, lo que nos lleva a comer en exceso.

- **Memoria y conectividad neuronal.** El nervio vago tiene un ojo puesto en el intestino y otro en el microbioma, así que envía al cerebro información de todo lo que ingerimos. También está implicado en la memoria y en la generación de recuerdos. En modo supervivencia, el nervio vago no puede funcionar de forma óptima, ya que es un periodo de estrés prolongado en el tiempo.

El motor PAS: cómo funcionamos

Desde que Elaine Aron descubrió el rasgo de la alta sensibilidad a finales de la década de los noventa, han surgido numerosos estudios científicos sobre el funcionamiento del cerebro de las PAS.

Además de una alta sensibilidad, las PAS poseemos talentos increíbles que quedan ocultos bajo aparentes limitaciones. Si dejamos de valorar a los peces por su inhabilidad de escalar una montaña, seremos capaces de admirar sus cualidades como grandes nadadores.

Los humanos captamos setenta gigas de información por segundo, como si viéramos setenta películas un sábado noche; sin embargo, los humanos procesamos solo un mega por segundo de esos setenta gigas, una parte ínfima de toda la información visual que recibimos. Es como una red de internet por cable que fuera a pedales. Las PAS, en cambio, tenemos fibra óptica para subida y bajada de información. No se sabe cuántos megas o gigas recibimos, pero sabemos que es un 10 por ciento más de información que en el 70 por ciento de la población.

Diferencias del cerebro altamente sensible

El cerebro de las PAS tiene diferencias singulares que explican por qué sentimos y procesamos información de una manera intensa y profunda. El funcionamiento de nuestro sistema no solo se basa en la percepción, sino en el cableado neurológico.

Dopamina y sistema de recompensa

La dopamina es el neurotransmisor químico relacionado con la recompensa,[2] la motivación que nos impulsa a querer algo y la sensación de victoria o felicidad que nos produce conseguirlo.

El cuerpo de las PAS genera menos dopamina con la validación externa, lo que permite observar y procesar información y no actuar de forma apresurada. Este sistema de dopamina hace que las fiestas multitudinarias no sean nuestro lugar favorito, ya que en estos eventos no recibimos el mismo chute de energía que otras personas.

Más memoria declarativa

En el cerebro, la dopamina se encuentra en la zona de la precuña, en la fisura longitudinal medial entre los dos hemisferios cerebrales. Esta región se relaciona con la memoria episódica,[3] el procesamiento visoespacial,[4] las reflexiones sobre uno mismo y la conciencia.

La memoria declarativa está formada por la memoria episódica y la memoria semántica. La episódica está relacionada con la capacidad de evocar sucesos autobiográficos de forma explícita. ¿Te ha pasado alguna vez que, al recibir una información nueva, la cotejas con experiencias pasadas? En ese momento te arrollan un montón de situaciones y experiencias desde una perspectiva distinta y eres capaz de extraer nuevas conclusiones.

Neuronas espejo superactivadas

Una persona que tiene más actividad en las neuronas espejo suele ser más empática.[5] Las PAS formamos parte del grupo que tiene más actividad en las neuronas espejo; no es que tengamos más neuronas, sino que su ritmo es más ajetreado.

En 2014, un estudio[6] determinó que las PAS teníamos altos niveles de actividad en zonas del cerebro relacionadas con el procesamiento emocional y social. Esto se pudo comprobar mediante test, donde el objetivo era interactuar con desconocidos. Así averiguaron que la empatía no solo se podía observar en el entorno más allegado, sino que se extendía a las personas desconocidas. Sin embargo, el efecto fue superior con personas allegadas con las que tenían una relación personal.

Las neuronas espejo se encargan de desarrollar un superpoder que nos permite conectar con las personas, así como empatizar y comprender una situación. No obstante, puede ser un inconveniente si no se gestiona de manera adecuada. Por ejemplo, si estamos viendo una película y aparece una escena muy violenta, tendemos a cerrar los ojos a causa del impacto emocional y visual que nos causa.

Emociones a flor de piel

Hay una zona del cerebro, llamada «corteza prefrontal ventromedial» (*ventromedial prefrontal cortex*, VMPFC, por sus siglas en inglés), que está conectada con la toma de decisiones emocionales, los valores y el procesamiento de la información sensorial. Cuando hablamos de procesamiento profundo de la información, es posible que se dé en esta parte del cerebro.

Aún no está claro el trabajo que realiza el VMPFC, pero se sabe que se asocia a la regulación emocional y que estimula la intensidad de la experiencia.

Cualquier persona puede vivir experiencias de forma intensa, por lo que no es una característica exclusiva de las PAS. En cambio, la asiduidad y la intensidad constante de la experiencia de estas personas es más alta; por lo tanto, el efecto emocional es mayor.[7]

Si sientes emociones a flor de piel por lo que sucede en tu entorno, no pienses que te lo estás imaginando. Percibimos sutilezas que pueden pasar desapercibidas para otras personas y reaccionamos a ellas.

Radar social

El cerebro PAS está diseñado para notar e interpretar a las personas. Hay diferentes partes del cerebro que se activan en contextos sociales. Un estudio de imágenes del cerebro mostró una alta actividad en la ínsula y en el giro cingulado, dos áreas conocidas como la «silla de la consciencia».[8]

Las PAS se alertan con facilidad y, en un contexto social, son más conscientes de las emociones de los demás a través de las pistas del lenguaje verbal y no verbal.

Supervivencia

El cableado del cerebro altamente sensible está organizado para interpretar los comportamientos y percibirlos como estímulos sensoriales del entorno. Notamos si algo no va bien, sentimos una alarma o sabemos a primer golpe de vista si la persona que tenemos delante tiene o no buenas intenciones. Aunque podemos leer la información desde un enfoque subjetivo e interpretativo, esta cualidad recuerda al mecanismo de supervivencia de los peces tímidos: observar, entender y predecir para anticiparse a los peligros.

Empatía

Unas neuronas espejo más activas nos conectan con el estado emocional y con las intenciones de otras personas. Según los estudios de Bianca Acevedo,[9] la reacción a las emociones de otras personas mostraba una activación en las áreas del cerebro relacionadas con la empatía. En especial, al ver imágenes de seres queridos infelices, reaccionaban las zonas relacionadas con la activación del comportamiento. Esto puede indicar de dónde viene el impulso a actuar para que las personas se sientan bien.

APRENDER LENGUAS

El procesamiento profundo de la información y la buena memoria son muy útiles para aprender nuevas lenguas y entender otras culturas a través del lenguaje y de la capacidad para recordar palabras. Tiene una relación directa con la memoria semántica, que lidia con el significado, la comprensión y otros conceptos basados en el conocimiento contextual.

El inconsciente y la intuición

Se sabe que el inconsciente es capaz de procesar información. Cuando hablamos con alguien, captamos las sutilezas de su lenguaje corporal y del tono de voz sin ser conscientes del todo; de este modo, podemos acceder a información de la que no tenemos constancia. El inconsciente tiene un lenguaje propio y se comunica a través de sueños, metáforas, imágenes, simbología...

Como PAS, procesamos mucha información de una forma muy profunda. Por otro lado, el inconsciente no deja de ser un almacén de información.

Estoy de acuerdo con Aron al decir que las personas altamente sensibles visualizan una línea muy fina entre los procesos mentales conscientes y los inconscientes.[10] Las PAS suelen tener sueños vívidos con más frecuencia, así como una mayor intuición sobre sí mismas y lo que les ocurre a los demás. Todo esto se debe al procesamiento inconsciente de información.

Si aprendemos a descifrar la información del inconsciente y cómo nos afecta, seremos capaces de racionalizar cómo actuamos. Por ejemplo, ¿por qué has reaccionado frente a un comentario que parecía nocivo? ¿Has leído la intención de esa persona? ¿Son las palabras? ¿Es el lenguaje corporal? ¿Una mueca, un gesto, un movimiento? ¿Es una percepción? ¿Te recuerda a una situación pasada?

Según Hans Steiner,[11] profesor de la Universidad de Stanford, los sueños reflejan lo que sucede en la mente inconsciente. Llevar un diario de sueños puede ser una buena manera de descubrir las motivaciones del inconsciente. Te invito a escribir sin rumbo, a bordo del tren de la conciencia, capitaneado por las emociones, no por los hechos. Además, la motivación inconsciente se puede colar en el trabajo creativo. A través de la creatividad, el inconsciente nos deja pistas.

Aprender sin saberlo

Captamos mucha información de manera intuitiva y la asimilamos sin ser conscientes de ello. Aprender sin saberlo puede llevarnos a hallar la respuesta a una pregunta o la solución a un problema, aunque no podamos averiguar por qué o de dónde ha salido esa información.

- **Ínsula.** Se especializa en controlar las sensaciones del cuerpo, las emociones y la empatía. En el caso de las PAS, hay una mayor activación en la ínsula relacionada con las emociones.[12] Además, se relaciona con la percepción del hambre, el latido del corazón o el dolor; por ello, la de las PAS es más fina. A menudo se nos tacha de hipocondríacos o de quejicas por notar más los cambios en el cuerpo. La ínsula nos permite ser conscientes de nosotros mismos.
- **Hipocampo.** Se activa más en las PAS. Esto puede indicar que las personas altamente sensibles procesan de una forma más profunda y almacenan los efectos de los estímulos recibidos para futuras referencias.[13]
- **Hipotálamo.** Se activa cuando se produce un procesamiento de información sensorial, ya sea positiva o negativa.[14] Es como el portero de discoteca del cerebro emocional y deja pasar más información que para las personas que no son altamente sensibles. Este proceso permite

ver y sentir más estímulos, además de realizar tareas con mayor rapidez. Todo ello vuelve a las PAS muy eficientes, pero también provoca que necesiten tomarse un tiempo de recuperación para no sentirse sobresaturadas. La rapidez y la cantidad de estímulos generan un alto coste energético que se paga con estrés. El hipotálamo también se encarga de regular la temperatura del cuerpo, el hambre, la sed y el comportamiento sexual. En las PAS, el hipotálamo está más activo y participa de forma constante en el almacenamiento de la memoria, creando una biblioteca interna para disponer de información en caso de necesitar futuras referencias.

EL CEREBRO ALTAMENTE SENSIBLE

Diferentes estudios han concluido que existen diferencias notables en diversas áreas del cerebro de las PAS: precuña (representación mental de uno mismo), áreas sensoriales de la corteza cerebral (percepción), córtex singular (atención), córtex prefrontal (procesamiento y control cognitivo), giro frontal inferior (respuesta de inhibición), *claustrum* (integración sensorial), ínsula (intercepción y empatía) y amígdala e hipocampo (emoción y memoria).

Podemos llegar a la conclusión de que los circuitos neuronales del cerebro altamente sensible están relacionados con el procesamiento profundo de la información, la emocionalidad y la sensibilidad. Estas cualidades, a su vez, tienen un impacto en la memoria, en la capacidad de atención y en la empatía, factores que caracterizan el rasgo de la personalidad.

7

PASando por las emociones

Para reconciliarnos con la alta sensibilidad, debemos aprender a conectar con las emociones, escucharlas, atenderlas, legitimarlas e identificarlas, empatizar con ellas, ponerles nombre, regularlas, calmarlas e interpretarlas, descifrarlas con la finalidad de construir un sentido de su existencia, e integrarlas para sentirlas y trascenderlas.

No se trata de bloquear el sentimiento, sino de entender que las emociones son señales del alma que nos muestran alarmas a las que debemos prestar atención. Todas las emociones son naturales y legítimas. Tenemos que saber de dónde vienen, qué cometido tienen y cómo utilizarlas como guía interna para comprendernos y aceptarnos.

Las emociones tienen tres vertientes: individual o personal, social o colectiva y trascendente o ética.

Eva Bach nos cuenta en su libro *La bellesa de sentir. De les emocions a la sensibilitat*[1] que hay tres preguntas que debemos plantearnos para darnos cuenta de cómo vivimos estas facetas de las emociones:

- ¿Cómo me siento con mis sentimientos y mi forma de sentir?

- ¿Cómo se sienten los demás conmigo y cuál es mi estilo emocional?
- ¿Cuál es la huella emocional que dejo en el mundo?

El bienestar emocional es un baile entre las tres vertientes de las emociones y la relación que establecemos con ellas.

LA EMOCIÓN NOS RACIONALIZA

En 1848, Phineas Gage, un obrero que trabajaba en la construcción del ferrocarril en Vermont, sufrió un trágico accidente. Una explosión provocó que una barra de hierro le atravesara la cabeza, afectando a su lóbulo frontal. Por suerte, Phineas se recuperó y, a simple vista, no parecía haber secuelas. Sin embargo, se dieron cuenta de que su carácter había sufrido alteraciones. Pasó de ser una persona responsable y trabajadora a alguien incapaz de controlarse y de mantener su trabajo.

Este accidente inaudito permitió, un siglo más tarde, que el neurólogo Antonio Damasio descubriera que la barra de hierro había seccionado el lóbulo frontal en las zonas emocionales profundas (el sistema límbico).

Curiosamente, se dio cuenta de que la actividad emocional era necesaria para que el lóbulo frontal pudiera tomar decisiones. Al estar dañado, Phineas se convirtió en alguien impulsivo y descontrolado.

El sistema límbico recoge un conjunto de estructuras cerebrales que intervienen en el comportamiento, la emoción, la memoria a largo plazo y el sentido del olfato.

El profesor Adam Anderson, de la Universidad de Cornell, opina que las emociones no solo se relacionan con cómo sentimos el mundo. También muestran que el cerebro de las personas influye en la percepción.[2]

En la vida, siempre tomamos decisiones: «¿Qué desayuno? ¿A qué clase me apunto? ¿Dónde voy de vacaciones? ¿Cojo este nuevo puesto de trabajo?».

Tomamos menos decisiones con la cabeza de lo que parece. Las emociones tienen un rol importantísimo en nuestra forma de actuar y en lo que decidimos.

Dennet identificó que el proceso cognitivo que lleva al sentimiento es inconsciente.[3] Que no sepamos identificar la emoción no significa que no afecte a nuestro comportamiento.

La mente inconsciente es capaz de procesar más de medio millón de veces más información por segundo que la consciente,[4] por lo que el mensaje emocional podrá decodificarse más rápido.

Zaltman demostró en su estudio que el 95 por ciento de la cognición se produce en el cerebro emocional.[5] Por otro lado, Damaioi's descubrió que las personas que habían sufrido daños en partes del cerebro donde se generan y se procesan emociones no eran capaces de utilizar la lógica ni de tomar decisiones. Ni siquiera las más simples, como qué desayunar.

Los humanos somos seres emocionales, en especial las PAS, ya que nuestras emociones están a flor de piel. Esa sensibilidad nos regala sutileza emocional. No somos más irracionales por ser más emocionales. Todo depende de cómo gestionemos las emociones.

El cerebro emocional —también llamado «irracional»—

es el sistema límbico; cuando se activa, el cerebro racional entra en hibernación. Si el sistema límbico percibe un peligro o una amenaza para la supervivencia, se asegura de activar el sistema de lucha o huida.

Las PAS acostumbramos a tener el sistema límbico más activado que las personas que no son altamente sensibles. Como consecuencia de ello, tendemos a anticiparnos a los hechos, podemos sufrir problemas de ansiedad y nuestro nivel de estrés suele ser elevado.

Una de las ventajas de disponer de un sistema límbico más activo es que se relaciona con los olores, y contamos con un as bajo la manga para usarlos y lograr el bienestar. Más adelante descubriremos cómo.

Para las PAS, puede parecer que vivamos como Phineas en un mundo de reacciones emocionales. Los estudios afirman que el sistema límbico juega un papel crucial en la toma de decisiones. La emocionalidad nos hace racionales si aprendemos a gestionar las emociones.

¿ERES ZANAHORIA, HUEVO O CAFÉ?

Una hija se quejaba a su padre de la vida, se lamentaba de que nunca nada le salía bien. No sabía qué hacer para seguir adelante, pues se sentía agotada y estaba a punto de darse por vencida, cansada de luchar y no obtener resultados. Tenía la sensación de que, cada vez que solucionaba un problema, aparecía otro.

Su padre, chef de profesión, la llevó a su lugar de trabajo. Allí llenó tres ollas con agua y las puso al fuego. Pronto, el agua de las tres ollas estaba hirviendo. En una puso zanahorias, en otra metió unos huevos y en la última echó granos de café. Dejó hervir el agua sin decir ni una palabra. Solo miraba y sonreía a su hija.

Esta aguardó con impaciencia, preguntándose qué estaba haciendo su padre. A los veinte minutos, este apagó el fuego, sacó los huevos y los puso en un recipiente; a continuación, colocó las zanahorias en un plato; finalmente, vertió el café en un tazón. Mirando a su hija, le dijo:

—Querida... ¿Qué ves?

—Huevos, zanahorias y café —fue su respuesta.

El padre le indicó que se acercase más y que tocara las zanahorias. Ella lo hizo y notó que estaban blandas. Luego él le pidió que cogiera un huevo y lo rompiera; la hija, después de quitarle la cáscara, observó que el huevo estaba duro. Para acabar, el padre le dijo que probara el café; entonces ella sonrió mientras disfrutaba de una exquisita taza de café recién preparado.

Sorprendida e intrigada, la hija preguntó:

—¿Qué significa todo esto, padre?

Él le explicó que los tres elementos se habían enfrentado al mismo obstáculo: ¡agua hirviendo! Sin embargo, cada uno había reaccionado de una forma distinta.

1. La zanahoria comenzó siendo fuerte y dura, pero, tras pasar por el agua hirviendo, se había vuelto blanda y fácil de deshacer.
2. Los huevos llegaron al agua siendo frágiles, pero su fina cáscara protegía el interior líquido; después de pasar por el agua hirviendo, se habían endurecido.

PASANDO POR LAS EMOCIONES

3. En cambio, los granos de café fueron los únicos que, tras estar en agua hirviendo, habían cambiado el agua.

—¿Cuál de los tres elementos eres tú? Cuando la adversidad llama a tu puerta, ¿cómo respondes? —le preguntó a su hija.

¿Y tú qué eres?

Decidir cómo responder ante la adversidad o el sentimiento que te invada solo depende de ti.

¿Eres la zanahoria fuerte y dura que se vuelve débil y blanda cuando se topa con un problema o una emoción dolorosa?

¿Eres el huevo que posee un corazón maleable y que, con el paso del tiempo, endurece sus sentimientos hasta formar una masa dura e inflexible? ¿O eres un grano de café?

El café cambia el agua. Transforma el elemento que le causa dolor y saca provecho de la situación. Cuando el agua llega a su punto de ebullición, el café alcanza su mejor sabor y aroma.

Ser café es aceptar la realidad y responder de forma positiva sin dejarte vencer por el sentimiento ni luchar contra él. Simplemente, te dejas sentir y fluyes con ello.

¿Eres una zanahoria, un huevo o un grano de café? El agua es la misma para los tres, pero la relación que establece con cada uno lo cambia todo.

Los *días grises*

Te levantas por la mañana y ni siquiera tú te aguantas. Cabreado, malhumorado, triste, apático... Todos tenemos días grises. No se trata de sonreír con los dientes apretados y hacer ver que no pasa nada.

Puede que tengas muchos motivos para sentirte así, o tal vez ninguno, pero cuando el sentimiento llama a la puerta no pide cita.

Los días grises forman parte de la realidad. No desaparecerán por más que cultives tus emociones y tu paz interior. Somos seres humanos, y no podemos desprendernos de las emociones que no nos apetece sentir o que no nos sientan bien.

Acepta que estás enfadado. Eso no justifica los comportamientos injustos hacia los demás o hacia ti, pero es necesario dar espacio a los días grises. Tu emoción te grita que necesita espacio y puedes dárselo sin regocijarte, tómate un día gris. Cuanto más escuches la llamada de la emoción, menos días grises tendrás y menos intensos serán.

Si coges la llamada de la emoción, dejará de insistir. En cambio, si la ignoras, acabarás con el teléfono lleno de llamadas perdidas y otras nuevas entrantes.

No se trata de eliminar las emociones incómodas, sino de pararse a escucharlas con el mismo interés que mostramos por la alegría. Todas tienen una razón de ser. Son alarmas emocionales que nos indican a qué debemos prestar atención.

Manejar la falsa alarma emocional

Las emociones actúan como una costumbre, son hábitos emocionales. Si nos sentimos tristes y enfadados cada vez que nos rechazan, el cableado de la emoción se disparará cuando nos hallemos en una situación parecida. Reproducimos un patrón.

Supongamos que estamos en modo supervivencia porque ha pasado algo que ha provocado que nuestro sistema se revolucione. Para manejar esa falsa alarma emocional, tenemos que ser capaces de saber qué la dispara. Los disparadores suelen ser momentos que nos empujan a una reacción emocional asociada a una reacción física: el pecho se encoge, sentimos opresión en la barriga, la respiración se entrecorta o el corazón se acelera. Cuando sucede, debemos ser conscientes de la asociación y detectar sus causas.

Quizá te estresas cada vez que estás cerca de cierta persona, cuando no te escuchan, si te sientes ignorado o si te obligan a hacer algo que no quieres.

En estas circunstancias, se activa el sistema límbico. Cada vez que sucede, tenemos la oportunidad de notarlo y crear un proceso nuevo donde nos podamos alejar de la reacción y acercarnos a la respuesta desde la calma. Entrenar el cuerpo y la mente contra las falsas alarmas es necesario para no entrar en un modo supervivencia que no tiene razón de ser.

Para crear un proceso nuevo frente a las falsas alarmas, debemos:

1. Notar la reacción. ¿Cuál es el detonante?
2. Al ser conscientes de él, nos planteamos otro camino

posible. Sabemos que debemos tener cuidado para no entrar en el sistema automático que nos hace reaccionar de forma emocional ante ese falso peligro. Es un camino resbaladizo, así que quizá caigamos; sin embargo, ahora sabremos dónde está, por lo que la próxima vez podremos detectarlo antes.

3. Desarrollar la habilidad de parar y reflexionar antes de explotar. El autocuidado nos ayuda a saltar a nuestro sistema por defecto.

Cuanto más practiques, menos te costará crear este nuevo camino alejado de la reacción y de la supervivencia.

¿Cómo activar el cerebro racional en plena saturación?

Estás sumido en una ola incontrolable de emociones. Para salir de ahí, necesitas encender el cerebro racional, que funciona con hechos objetivos y mensajes racionales.

Si te sientes saturado, coge una hoja de papel y dibuja dos círculos, uno al lado del otro. Escribe la emoción que sientes en el círculo de la izquierda. Si te cuesta expresarlo con palabras, te recomiendo que utilices la rueda de las emociones.[6] En el de la derecha, anota los hechos objetivos, los que pueden contabilizarse, los que no son susceptibles de interpretación.

Imagina que has hecho una propuesta en el trabajo y en la reunión has recibido la crítica de un compañero que apuntaba a los flecos de tu exposición. Has sentido su comentario como un jarro de agua fría. La emoción sube desde el estómago, incluso están a punto de saltarte las lágrimas. Vas al baño a relajarte.

¿Qué ha pasado? Te has sentido juzgado, pequeño, frustrado, decepcionado contigo porque no has visto esos flecos que apuntaba el compañero. Te entristece pensar que no eres suficientemente bueno, machacas tu autoestima con el discurso interno. La historia que te cuentas sobre lo que ha sucedido.

En el espacio objetivo, has recibido una sola crítica constructiva de un compañero con sugerencias de mejoras posibles a la idea inicial. En la reunión has recibido dos cumplidos sobre la originalidad de tu idea.

Círculo emocional	Círculo racional
Me siento juzgado.	He recibido dos cumplidos de mis compañeros.
Me siento frustrado.	Originalidad.
Me siento triste.	He recibido una crítica constructiva.
Me siento decepcionado.	Mejoras a la idea inicial.

Discurso interno	**Discurso interno**
No soy lo suficientemente bueno.	Dos cumplidos.
No sirvo para nada.	Una crítica.
No me siento seguro.	Posibles mejoras.

Mediante esta técnica, conseguirás alejarte del cerebro límbico y entrar de nuevo en el racional. Confía en que puedes salir de la emoción y de la sobresaturación que estás viviendo. Las primeras veces lo visualizarás como un proceso difícil, ya que es un camino neuronal distinto. Pruébalo cuando estés en calma. Hará que la herramienta sea más efectiva para los momentos de emergencia de saturación.

Reaccionar de forma distinta y vivir las emociones de forma integrada requiere práctica. Solo podrás crear un camino neuronal distinto si pruebas el camino alternativo una y otra vez. Así podrás tomar el control de tus reacciones y empezar a vivir tus emociones de otra forma.

ERES PAS. ¿Y QUÉ?

Después de dar una vuelta por la maquinaria PAS y haber leído sus instrucciones, quizá tiendas a pensar: «Soy PAS, apartaos, porque mi maquinaria funciona así y no hay nada que pueda hacer para cambiarlo».

Me encuentro con personas altamente sensibles que creen que ser así significa que los demás nos tienen que tratar de otra manera. Piensan que deben tener en cuenta que «somos especiales», que nuestros sentimientos están a flor de piel y que las emociones que sentimos son intensas; por lo tanto, deben tratarnos con pies de plomo. Es un gravísimo error.

El respeto, la empatía y la comprensión forman parte de las relaciones emocionalmente saludables. Debemos aprender a gestionar la sobresaturación, la intensidad emocional y el procesamiento profundo de la información.

No olvidemos que ser PAS es un rasgo de la personalidad, no una enfermedad, y que no hace que seamos menos capaces de nada. Nuestra maquinaria dispone de un manual de instrucciones con peculiaridades que otros modelos no tienen.

Si una persona introvertida tiene que aprender a gestionar sus niveles de energía en ámbitos sociales, nosotros también debemos entender la naturaleza del rasgo y nuestro estilo de sensibilidad para gestionarlo.

Si comprendemos y aceptamos el rasgo con las ventajas y los inconvenientes que nos pueda causar, seremos capaces de expresarnos con libertad para entender y ser entendidos.

Eso no significa que guardemos el secreto de ser PAS. Sin embargo, cuando actuamos desde una posición victimista, cedemos el poder y la responsabilidad de vivir una vida plena. Si nos apoyamos en la información que nos sirve para explicar por qué nos afectan ciertas situaciones más que a otras personas, podremos reescribir la historia que nos contamos acerca de quiénes somos y por qué actuamos como lo hacemos. De este modo, podremos hacer algo al respecto con conocimiento de causa.

El rasgo no es un escudo que utilizamos para protegernos de incursiones o de malos comportamientos ajenos. Tampoco podemos usar a quienes nos rodean como si fueran sacos de boxeo y disculpar así comportamientos inadecuados que distan de la sensibilidad.

Somos los únicos responsables de nuestros sentimientos. Pasar esta carga a la persona de al lado quizá nos haga sentir mejor en un primer momento. «¡Qué bien! Los demás no me entienden, no me tratan bien». Es la historia que nos contamos y nos deja pocas opciones para brillar en la sensibilidad. Es un discurso trillado y cansino que nos impide tomar las riendas de nuestra vida.

El rasgo no tiene la culpa de una mala gestión. Mediante

la responsabilidad, la conciencia y la práctica de unos hábitos saludables de mantenimiento y prevención, podremos florecer en la sensibilidad que nos viene dada.

Saber cómo trabaja la maquinaria nos permite entender de manera racional el origen de los procesos neurológicos y cómo funcionan. Con esa información, podemos detectar y observar nuestros patrones de conducta, así como poner en práctica hábitos y rutinas que favorezcan una alta sensibilidad equilibrada.

MARCHANDO UNA DE VICTIMISMO DOBLE

El victimismo es un espacio cómodo, una pose de sujeto pasivo. Desde esta actitud, sentimos que las personas nos hacen daño y que nos suceden cosas mientras estamos atados de pies y manos y no podemos evitarlo. Somos víctimas, ni actuamos ni decidimos.

Para muchos, este espacio ha sido el paraíso, una excusa maravillosa en la que nos refugiamos, nos quejamos y gritamos a los cuatro vientos las injusticias que vemos.

Aun así, estar atados de pies y manos de forma imaginaria comporta una sensación de impotencia y de rabia. Aunque podamos hacer algo al respecto, si creemos que estamos atados, el paraíso se convierte en una cárcel de cinco estrellas de la que no podemos escapar.

Los cuatro estados de la consciencia

Para saber hacia dónde debemos ir, necesitamos ver dónde nos hemos detenido. Los cuatro estados de la consciencia que contaré a continuación son cuatro formas de pensar y de ver la vida, cuatro maneras de enfrentarnos a los obstáculos.[7]

Separación

Te estancas en el miedo. Consumido por las preocupaciones cotidianas, la realidad pasa inadvertida para ti o la experiencia es tan intensa que lo vives todo como si fuese una amenaza a tu bienestar. Te sumes en el control, el victimismo, el trauma, el miedo, la culpa y el dualismo. Estás en un estado perpetuo de comparación y victimismo que solo permite que te protejas.

CÁRCEL DE CINCO ESTRELLAS: «VÍCTIMA».

Es una cárcel en la que los lujos de tu celda disimulan los barrotes que te encierran. En ese espacio, no eres responsable de tu felicidad. La culpa la tienen los demás. En este primer estado de consciencia, experimentas la vida y reaccionas al entorno desde una posición de víctima. Sientes que no tienes el control ni ningún tipo de responsabilidad personal sobre lo que te sucede. Hay pensamientos intrusivos y culpas a los demás de las circunstancias. Mantienes una actitud insatisfecha, ya que siempre vas en busca de la siguiente actividad, pareja, trabajo, libro o comida que te llene. Ninguna experiencia es suficiente, y sientes que tu único propósito en la vida es sobrevivir.

Es un círculo vicioso donde el poder se entrega a los demás. Crees que no puedes actuar ni hacer nada para cambiar las cosas. En ese espacio te quejas, culpas a los demás y tú eres la víctima. Permaneces anclado en el pasado reviviendo pensamientos, sensaciones y situaciones, como si a través de tus recuerdos pudieras cambiar lo sucedido.

LA DIVA: «LA VIDA LA CREO YO».

Aires de diva, de creer que todo el poder está en ti. Caminas por la vida como si fueras la protagonista de un videoclip, con aires de grandeza. No hace falta ser creído y prepotente. Al contrario que en el estado de víctima —donde reaccionas desde el ego—, hay un falso sentido de control absoluto.

En este segundo estado de consciencia ves los obstáculos como si fueran retos que debes superar. Surge una motivación y una fuerza desmedida, con las que creas tu realidad. Con cada acontecimiento quieres superarte, saltar el obstáculo y llegar a la meta victorioso. Puede haber curiosidad genuina y empoderamiento personal. Quieres avanzar, ser el creador de tu vida: «Si me preparo, me formo, practico y me esfuerzo, los problemas se solucionarán».

El cristal intuitivo

Es la perspectiva, la decisión consciente de ver la realidad no como queremos que sea, sino como es. Ver la responsabilidad que tenemos y dejar ir lo que no depende de nosotros. Es el rito de paso que separa el miedo y el ego para llevarte a la confianza, la empatía y el amor. Es un salto en el que debes tener fe y confiar en que tienes todo lo necesario. La sabiduría interna, la intuición, te guía. Buscas espacios de autocuidado y los integras con las emociones, los pensamientos y el cuerpo.

Armonía

Es una invitación para conectar contigo y con los demás desde una posición sin juicios, en un espacio donde compartimos y entendemos que todos somos iguales. Ves las sutilezas y la belleza en las nimiedades. Valoras las pequeñas cosas, las conversaciones espontáneas y las intimidades genuinas. Es el espacio de la creatividad, la empatía, la curiosidad y la compasión, un lugar al que pertenecer, sentirse seguro y fluir con lo que venga.

EL RÍO: «LA VIDA PASA A TRAVÉS DE MÍ».

En el primer estado superior de consciencia, la vida toma sentido. El agua sigue su curso, no podemos pararla, sí reconducirla, pero sobre todo fluir en dirección a la corriente. Fluyes, te adaptas. La vida se encarga de resolver los problemas. Todas las posibilidades están a tu alcance y el miedo deja de ponerles límites. El ego negativo desaparece y aceptas todo lo que viene, confiando en que sabrás lidiar con cualquier situación. La creatividad toma el lugar del miedo, por lo que este deja de reinar en los estados superiores de la consciencia. El amor, la compasión y la empatía te permiten tener una sensación de plenitud. Eres el cocreador de tu vida, así que puedes decidir y aceptar lo que no puedes cambiar. Estás abierto a las oportunidades que se te presentan, dispuesto a cogerlas al vuelo. Vives en el presente, en una invitación al autocuidado.

UNIDAD: «LA VIDA ES COMO YO SOY».

En el cuarto estado de consciencia formas una unidad con lo que te rodea. Estás en un estado de paz interior que no se altera por lo que sucede a tu alrededor. El entorno, las personas con las que conectas y tú formáis parte del Todo. El motor de tus acciones se basa en compartir, entender y ser entendido a través de la conexión genuina. Eres consciente de tu estado emocional, físico y mental.

La serenidad te acompaña. Sigues tu intuición, te sientes libre y en paz. No hay problemas que resolver ni nadie puede hacerlo por ti. Desaparece la dualidad entre el blanco y el negro, dado que ves la vida con una escala de grises.

Nacemos en ese estado natural de unidad. Tu autenticidad crea la vida que quieres, sacando de tu interior quién eres y compartiéndolo con los demás.

RICK & MORTY Y EL CRISTAL DE LA INTUICIÓN

Rick & Morty es una serie animada de ciencia ficción que cuenta cómo el científico Rick y su nieto Morty viven aventuras y viajan a otros mundos en una nave espacial. Hay un episodio en el que Morty roba unos cristales que le permiten ver el futuro. Está enamorado de una chica llamada Jessica y esos cristales le muestran si cada decisión que él toma le acerca a un futuro junto a ella o lo aleja de él.

Mira a la izquierda y, si desaparece la imagen de Jessica, mira a la derecha. Avanza buscando las decisiones que lo acerquen a una imagen donde él aparece en su lecho de muerte y ve a Jessica a su lado, diciéndole que lo ama.

En la vida debemos llevar los cristales de Morty, los de la intuición, para ver si las decisiones que tomamos y nuestros hábitos nos acercan o nos alejan del futuro que queremos. Es un GPS mental que nos guía y nos lleva a nuestros objetivos.

Ten clara la dirección en tu mente. Aunque no conozcas tu destino, sabes qué sentimiento quieres y cuál debes dejar atrás. Observa qué se cuece en tu interior. Abraza el cristal intuitivo que llevas dentro que te permite navegar por la vida siendo consciente de la realidad como quieres verla, no como crees que es.

Salir de la cárcel de cinco estrellas e ir hacia la unidad es como andar hacia donde dicta tu cristal intuitivo. Depende de ti. Pon un pie fuera, en el espacio incómodo e incierto, con la flexibilidad y la adaptabilidad de que a cada momento serás capaz de sentirte y de decidir cuál será el siguiente paso.

EL ANTÍDOTO DE LA SENSIBILIDAD: LA INSENSIBILIDAD

Somos seres sensibles. Aun así, tendemos a desconectarnos del mundo y de nosotros mismos. Nos alejamos de los sentimientos que nos incomodan y los tapamos con atracones de comida, compras compulsivas o agendas llenas de actividades.

Montados en la rueda del hámster, corriendo como locos sin llegar a ninguna parte, seguimos rodando hasta marearnos. Con las piernas entumecidas, corremos hasta el agotamiento o hasta que no podemos más; entonces, la inercia de la rueda nos escupe y salimos disparados para tocar el suelo con las mejillas. Ese golpe seco puede despertarnos o dormirnos de nuevo.

Algunas personas ven la tele durante horas, como si estuvieran en trance; la utilizan como antídoto para la sensibilidad. Eligen no pensar y prefieren ver series enteras, capítulo a capítulo. Para retener los pensamientos que no quieren escuchar, desenchufan la cabeza de la corriente.

Otras personas se refugian en sustancias para estimularse, como el café, toneladas de bebidas energéticas, alcohol, drogas... Todo vale para dejar de sentir. Hay adictos al trabajo que se sumergen en papeleo y permanecen durante horas delante del ordenador. También hay adictos al deporte que siempre están buscando el próximo desafío para apartarse de sí mismos, ya que ven en los retos autoimpuestos una motivación que nada tiene que ver con la que descubrirían si se mirasen de cerca.

El problema no es el deporte, el café ni la comida, sino qué nos motiva a acudir a ellos y a considerarlos una salvación momentánea que acaba llenando de duda, culpa y remordimientos esa cabecita loca que no logramos apaciguar.

Desconectamos el enchufe de la pared y perdemos el trabajo que no hemos guardado, por lo que volvemos a empezar cada día con una pantalla vacía. Ese espejismo nos da la falsa sensación de que hemos descansado. Creemos que estamos mejor que ayer, pero solo hemos barrido por encima, así que se acumula el polvo que ocultamos bajo la alfombra y forma enormes dunas de arena.

Cualquier excusa es buena, por lo que inventamos razones sólidas alrededor de nuestras acciones para justificar que nos desenchufamos de la realidad, del cuerpo y de la mente. Estamos cansados de ser.

Seguro que sabes cuál es tu antídoto de la sensibilidad. Te alejas del cuerpo y dejas de sentir frustración, dolor, tristeza o ira. Ocupas cada espacio de tu mente y de tu vida para no parar. Si te detienes, la sensibilidad coge aire y ocupa su espacio natural. Es incómodo sentir, huimos porque no queremos enfrentarnos a la realidad. Al alejarnos de ella nos atrapa y nos come. No es fácil, pero si nos enfrentamos y aceptamos el sentimiento, aprenderemos a sentirnos y a hibernar cuando lo necesitemos. Es mejor que arrancar el enchufe de la pared sin tener en cuenta las consecuencias de ese acto de desesperación.

RESERVA INTERIOR Y ESTACIONES DE REPOSTAJE

Tenemos un tanque que se vacía con cada obstáculo, crítica, situación incómoda, palabra no dicha o sentimiento retenido.

No queremos parar, ceder. Hay que mantener la calma. Estamos en conversaciones y escuchamos sin atender, porque pensamos qué viene después. Borramos los conflictos, como si tuviéramos un borrador mágico; los eliminamos, los enviamos a donde no duelan o no existan.

Seguimos en la rueda que, por inercia, sigue rodando colina abajo hasta que, sin avisar, dejamos de rodar. No hay más inercia ni más fuerza. El tanque, nuestra reserva interior, se queda sin gasolina.

Queremos ser fuertes, tirar de carros y carretas; parar, nos parece de débiles. «Yo puedo», me digo. Sin embargo, un día no puedo más y me siento culpable por ello.

Me siento frustrada, incapaz de moverme; he olvidado las señales que me enviaba el cuerpo para indicarme que estaba funcionando en reserva. Esa gasolina para emergencias que solo te permite hacer unos kilómetros también se ha gastado.

El coche no anda, sea un Ferrari o un Peugeot 205; no importan los caballos ni las prestaciones. Sin gasolina, el coche es un gran pisapapeles de carretera que no se mueve.

Es necesario buscar nuestras propias estaciones de repostaje. La vida es un largo viaje en carretera pero, a veces, tenemos que salir del coche, estirar las piernas, echar una cabezadita, repostar y volver a conducir con las pilas cargadas.

Pensamos que, si no nos detenemos, llegaremos antes; quizá a veces te dé la sensación de que avanzas. Sin embargo, si no te queda gasolina, el coche no se moverá ni un milímetro.

No eres débil, eres humano. Busca espacios de relajación y rellena tu tanque con actividades que te devuelvan el equilibrio que necesitas para emprender el viaje de nuevo.

Estar solo: una necesidad

Necesitas estar solo y sentir tu mundo interior. Leer, meditar, tumbarte en la cama, sentarte en una silla para contemplar el paisaje, caminar, nadar o no hacer nada. Disponer de un momento de vacío o de *dolce far niente*, como dicen los italianos. No eres egoísta por ello.

Los momentos de silencio interior requieren un espacio en el que puedas escuchar tu murmullo y necesidades. El silencio y la soledad son estaciones de repostaje necesarias.

Por otro lado, una sobredosis de soledad conduce al aislamiento, a apartarse del entorno y a desvincularse de todo. No se trata de esconderse en una cueva para protegerse del exterior y no querer salir. Las cuevas son magníficas para cobijarse los días de lluvia, pero no lloverá eternamente.

Busca tu espacio de soledad, tus estaciones de repostaje. Haz actividades que permitan que oigas tu silencio alto y claro.

EL CEREBRO: EL ÓRGANO DE LA PREDICCIÓN

El cerebro se encarga de mantenernos vivos. Para ello, se asegura de que el cuerpo funcione, y la mayoría de las veces evita que caigamos por las escaleras o que nos coma el león.

Recibimos la información a través de los sentidos, y el cerebro la procesa cotejándola con experiencias previas. Por lo tanto, nuestra cabecita empieza a predecir: «La última vez que estuve en una situación parecida, ¿cuál fue el siguiente paso?».

La mente construye experiencias. Como si de una lasaña se tratara, coloca capas de recuerdos de experiencias pasadas y las rellena con otras ajenas. El cuerpo añade la bechamel con las reacciones corporales ante una situación parecida.

La lasaña mental que hemos creado se parece muy poco a todo lo que sucedió en realidad, pero así construimos nuestras predicciones automáticas e inconscientes.

¿Alguna vez te ha parecido ver a un amigo entre la multitud? ¿Has sentido que tu teléfono vibraba en el bolsillo pero no era así? ¿Se te ha metido en la cabeza una canción todo el día y no has podido librarte de ella?

La neurociencia nos dice que la experiencia del día a día es una alucinación controlada y construida por el cerebro. Creamos nuestras experiencias y estas, a su vez, guían nuestras acciones.

Así actúa la mente para dar sentido a la información que recibimos y de la que no somos conscientes. El órgano de la predicción se ocupa de mantenernos vivos y de alertarnos para que cumplamos con ese cometido. Enciende y apaga alarmas en una mesa de mezclas.

Cuando tenemos sed, el cerebro acciona el interruptor para que bebamos agua. En cuanto tomamos un vaso, la sensación de sed desaparece. Puede que no te parezca extraordinario, pero si tenemos en cuenta la velocidad real de este proceso en el cuerpo, el agua tarda veinte minutos en alcanzar el torrente sanguíneo. La sensación de haber aplacado la sed en cuestión de segundos es una predicción que se transforma en sensación. Apaga la alerta de la sed porque sabe que, si hay agua descendiendo por la garganta, la solución está en camino.

Tenemos diferentes formas de lidiar con una situación. De forma inconsciente, el cerebro lanza estimaciones y predicciones. En esta batalla voladora de opciones, hay una predicción ganadora. ¿Qué será ese sonido en el bosque: el viento, una rama, un animal salvaje, un cazador? En cada momento, escoge la predicción ganadora; a partir de ella, determina la acción y la experiencia sensorial que tendremos.

La experiencia se crea en el cerebro independientemente de si la predicción ganadora es correcta o no. Por lo tanto, la realidad es tal y como la vemos, no como es.

Cambia la predicción

Como propietario de un cerebro que se dedica a predecir, tienes más responsabilidad sobre tu realidad de lo que pensabas hasta ahora.

Quizá, antes de un examen, sentías mariposas en la barriga. Tenías la nerviosa sensación de que no te iba a salir bien. Para algunos, esta sensación va más allá y la situación de estar frente a una evaluación podía comportar manos sudorosas y latidos descontrolados del corazón. De hecho, puede ser tan paralizante que algunas personas no logran enfrentarse a la sensación física que les produce.

¿Cómo podríamos cambiar la percepción de esta sensación? Podemos aprender de la experiencia sensorial y darle la vuelta.

Al sentir las mariposas en el estómago, pensamos que es señal de peligro y que nos persigue el león del examen suspendido. En vez de eso, podemos interpretarlo como una señal de la determinación y la energía que albergamos para llegar, con éxito, a superar la prueba.

Del mismo modo, el perro de Pavlov era capaz de salivar sin ver la comida; bastaba el sonido de la campanilla que anunciaba que la comida estaba a punto de servirse. La asociación que hacía el perro entre el sonido de la campanilla y la disponibilidad de la comida es lo que en psicología se llama «reflejo condicionado».

Podemos utilizar esta herramienta con un objeto, un sonido, una sensación o una frase. En PNL (Programación Neurolingüística), a esta herramienta se la llama «anclaje», pues utilizamos el estímulo como ancla para revivir esa sensación.

Hay diferentes tipos de anclajes:

- Visuales, al ver un objeto o un color.
- Auditivos, al escuchar un sonido o una palabra.
- Kinestésicos, a través de una sensación, un contacto, un olor, un sabor...

En la película *Ratatouille*[8] hay una escena en la que a Anton Ego, un estricto crítico gastronómico, le sirven un plato de *ratatouille* en el restaurante de Gusteau. La última crítica de Ego le había costado a Gusteau una de sus cinco estrellas Michelin.

Ego, al dar el primer bocado, se traslada a su infancia, a un recuerdo donde aparece su madre poniendo en la mesa un plato de *ratatouille* y le invade la nostalgia. Desea felicitar al cocinero y escribe una reseña emotiva, declarando a Remy el «mejor chef de Francia».

El anclaje de Ego es kinestésico, ya que se transporta a su

niñez tras saborear la primera cucharada de *ratatouille*. Su percepción del sabor está condicionada por su experiencia previa con ese plato en su infancia.

Los anclajes no solo se deben a una experiencia fortuita, ya que también podemos crearlos para cambiar nuestras predicciones.

Somos capaces de cambiar las predicciones del cerebro mediante el cultivo de la autoempatía. Sentir lo que sentimos, ser conscientes de nuestras necesidades, aceptar la percepción y decidir que queremos cambiar la forma de ver la realidad. Crear tu propio anclaje puede ayudarte.

Crea tu propio anclaje

Puedes crear un anclaje que te ayude a calmarte, estar alegre, tomar fuerzas, tener motivación o confianza... Necesitas definir cómo quieres sentirte. Es importante que tanto la intención como el estado emocional sean positivos. Por ejemplo, puedes proponerte: «Quiero estar motivado para realizar esta tarea». Aléjate de formulaciones negativas, como: «No quiero estar nervioso al hacer esta tarea». Si lo formulas en negativo, recrearás el sentimiento que quieres evitar.

Para ello:

1. Elige una situación donde hayas experimentado el sentimiento que quieres anclar. Busca en tu pasado cuándo has sentido lo que quieres revivir. Elige una vivencia que sea pura en esa sensación, que no esté mezclada con otras; de lo contrario, no te resultará

efectivo porque tu cerebro no sabrá con cuál tiene que realizar el anclaje.

2. Revive la situación en tu cuerpo. Evócala en tu mente, como si la estuvieras viviendo. Reconstruye la escena mentalmente con todo lujo de detalles: entorno, olor, tacto, qué veías, quién estaba contigo, dónde era, qué hacías...

3. Conforme entres en la situación, intensifica las imágenes y dales más fuerza.

4. Cuando sientas que has llegado al punto álgido de la emoción, áncalo con un estímulo visual, auditivo o kinestésico. Establécelo en el momento de mayor intensidad de la emoción.

5. Para llevarlo a cabo, asocia un activador o un gesto ancla: tocarte la rodilla, cerrar los ojos, relacionarlo con un color, un sonido, un mantra, una palabra... Lo que más te ayude o te resulte más fácil.

6. Para consolidarlo, repite el activador de tu anclaje cuatro veces. Tómate tu tiempo. Puede que las primeras veces tardes entre veinte y treinta minutos en hacerlo. Con la práctica, cada vez lo harás más rápido.

7. Utiliza anclajes únicos y diferentes para cada sensación.

8. Comprueba que el anclaje funciona. Cambia de estado, deja ir las imágenes del anclaje y vuelve de vez en cuando al anclaje emocional. Enseguida notarás si lo que sientes es lo que deseabas. Deberías lograr la sensación deseada con tu activador en los primeros diez o quince segundos.

9. Recuerda alimentar el anclaje. Cada vez que puedas,

añade energía y sensación a ese estado para aumentar su potencia. Reprograma los anclajes cada cierto tiempo continuando el proceso que has seguido para crearlos.

Ejemplo práctico para crear tu anclaje:

- **Quiero anclar la sensación de alegría.** La experiencia que utilizo para anclar este sentimiento es el recuerdo de una guerra de almohadas con mi pareja en la que ambos nos reímos a carcajadas.
- **Estoy en casa con mi pareja.** Acabamos de levantarnos. Siento las cosquillas en mi cuerpo y veo su mirada picarona mientras sujeta un cojín con una mano. Tenemos ganas de jugar. Sonrío y revivo el momento. Las sábanas de algodón acarician mis pies, entra una suave brisa por la ventana y los rayos de sol tocan las telas.
- Poco a poco, **doy fuerza a esas imágenes y revivo el recuerdo** como si estuviera allí.
- **He llegado al momento álgido de la emoción,** así que decido anclarla con una canción: «Happy», de Pharrell Williams. Cuando la pongo, vuelve a mí el recuerdo de la guerra de almohadas y se dibuja una sonrisa en mi cara.
- **Repito el proceso cuatro veces.** Si escucho la canción, tanto el recuerdo como la emoción vuelven a mi cuerpo y a mi mente.
- **Pruebo el anclaje.** Pongo la canción y, en menos de quince segundos, me siento alegre. Cada cierto tiempo reviso el anclaje y añado más fuerza a la alegría para que tenga efecto y se mantenga a lo largo del tiempo.

En este ejemplo he puesto una canción, es decir, he conectado un sonido a la sensación de la alegría. Ten en cuenta que las canciones pueden sonar en todas partes, por lo que están fuera de tu control. Quizá evocar la alegría si suena «Happy» en una tienda no sea un problema, pero ¿qué ocurriría si sonase una canción que te transportara a un recuerdo triste? Piensa qué disparador tiene más sentido para ti.

Los círculos de empatía

La empatía que mostramos con otras personas es un elemento fundamental que provoca que nuestra forma de actuar ante una situación sea diferente en el futuro. Vivimos en contacto con los demás, con visiones distintas del mundo que nos rodea.

Los círculos de empatía están compuestos por personas que se reúnen y expresan su opinión sobre un tema para escuchar las opiniones de los demás y para que les tengan en cuenta por turnos.[9] En estos círculos no se permite la interrupción del interlocutor. Se escoge a alguien que hará escucha activa y que, después, expresará en voz alta lo que ha entendido sobre el discurso del interlocutor sin añadir nada, pero podrá parafrasear el discurso o resumir el mensaje recibido.

En un mundo tan polarizado, podemos recrear un experimento donde nos reunimos personas con visiones políticas opuestas y nos sentamos a escuchar y a entender a todos los participantes. En un primer intento, puede que el cerebro predictivo lance una reacción primaria al escuchar una opinión contraria a la nuestra.

A medida que nos exponemos a opiniones opuestas y nos esforzamos por entender cómo ve el mundo la otra persona, nos ponemos en su lugar y consideramos el tema desde su perspectiva, aunque no coincida con lo que nosotros pensamos.

No se trata de mantener una discusión mental con esa persona, sino de centrarnos en entender. No hay que cambiar de opinión sobre el tema, sino empatizar. Cuando intentamos ponernos en el lugar de otra persona, estamos cambiando nuestras predicciones futuras acerca de las personas con visiones opuestas a nuestra manera de ver la realidad.

Si puedes decir con total honestidad «Estoy completamente en desacuerdo con esa persona, pero puedo entender por qué cree lo que cree», estarás más cerca de cambiar tu reacción por una respuesta a opiniones opuestas.

Con la práctica, podrás renovar el sistema de predicciones de tu cerebro y tener un mayor control sobre tus acciones y experiencias.

8

La jungla de la creatividad

> Sé que todas las personas altamente sensibles son creativas por definición. [...] El problema es que muchas PAS han aplastado su creatividad debido a su baja autoestima. Otros se han encargado de aplastar la creatividad de las PAS antes de que ellas se dieran cuenta de su gran capacidad creativa.[1]
>
> ELAINE ARON

La creatividad parece ser solo para un grupo de privilegiados: artistas (actores, pintores, escritores, escultores, artesanos...), inventores o científicos, para los que tienen un don innato o una habilidad validada por la sociedad para inventar y crear.

La producción artística se confunde con la creatividad. Los libros, los cuadros, las obras de teatro o la artesanía son frutos de la producción artística. Es un resultado creativo, pero no el único.

En estas páginas vamos a dar la vuelta al concepto de la creatividad exclusiva para privilegiados y dotados de habilidades artísticas típicas. La creatividad es innata en el ser humano, y existe en todas las actividades de la vida cotidiana, pues somos creativos por naturaleza.

La creatividad puede ser la válvula de escape de la sensibilidad, pero para ello necesitamos autoestima y confianza.

La baja autoestima es el fumigador de la creatividad, ya que esta se puede desvanecer con las críticas destructivas que recibimos durante la niñez. Bloqueamos la creatividad para no ser criticados. Nos sentimos «bichos raros» la mayoría del tiempo, así que, para no destacar, evitamos poner a volar nuestra imaginación a la vista de ojos ajenos.

Debía tener unos diez años cuando le pedí a mi madre que me apuntara a clases de cerámica. Me hacía mucha ilusión poner las manos en el barro. No recuerdo dónde lo vi o qué me hizo pensar en la cerámica. Solo sé que me imaginaba con las manos húmedas tocando el barro, moldeándolo y viendo como poco a poco tomaba forma en mis manos.

En casa hacíamos manualidades de todo tipo, como coser títeres de fieltro, pintar figuritas de harina y sal con témperas, construir casas con palillos, crear collares con macarrones de colores, pintar sal con tiza y colocar cada color en un bote de cristal creando dunas coloridas.

Recuerdo lo ilusionada que estaba por hacer cerámica. Lo más cerca del barro que había estado había sido en un charco en días de lluvia.

Llegué al estudio de cerámica. La sala estaba llena de jarras, tazas y platos preciosos. Veía botes de colores, muestras de color en las baldosas por todas partes y a algunos adultos al fondo de la sala.

Me senté con la ceramista en un taburete tan alto que

apenas tocaba el suelo con la punta de los pies. Solo estábamos la profesora y yo. Eran clases particulares.

Me puso arcilla encima de la mesa y empezó a enseñarme las técnicas básicas. No puedo concretar qué me dijo la ceramista, pero sé que, mientras yo hacía churros de barro, sus palabras entraron dentro de mí como unas dagas afiladas.

Me sentía mal, quería irme. La sensación era de una crítica desmedida, y mi valía estaba por los suelos. Hice un gran esfuerzo para no llorar encima de los churros de barro que tenía delante. Quizá lo que me dijo la profesora no fuera nada del otro mundo. Puede que solo me corrigiera o quizá fue déspota conmigo, quién sabe.

Al salir de clase, le dije a mi madre que no quería volver a clases de cerámica nunca más. Y así mi profesora de cerámica se convirtió en uno de mis machetes creativos.

Ella representaba el machete que cortaba las hierbas de la jungla de mi creatividad. Una y mil veces me he repetido: «No eres creativa».

La cerámica era una constatación. Hace un par de años decidí apuntarme a un curso de verano de cerámica, pero ya no era esa niña de diez años que quería llorar sobre unos churros de barro. Me sorprendí al darme cuenta de que había enterrado el machete en aquel curso de verano donde, por primera vez, vi mi creatividad moldeada con el barro.

Te invito a pensar en tus machetes creativos. Recuerda a las personas, las situaciones o los discursos que en algún momento de tu vida cortaron tu creatividad, quizá sin saberlo. La falsa creencia de que no somos creativos viene de algún lugar.

Los machetes creativos

Hemos hablado de personas que cortaron nuestra creatividad. No deja de sorprenderme que una situación que ocurrió en una clase de cerámica para niños haya podido cortar mi creatividad durante tanto tiempo. ¿Y si de adultos tenemos que deshacer los entuertos de la niñez? Siempre que me encuentro con un obstáculo, está misteriosamente relacionado con una situación o con un pensamiento propio o ajeno que llegó a mí a los diez años. Maldigo a mi inconsciente, a Freud y a todos los que vinieron detrás. Debería ser más fácil.

Me digo que, por lo menos, ahora soy consciente de ello y puedo ir deshaciendo los entuertos que llevo a cuestas desde vete a saber cuándo.

Los machetes de la creatividad son muchos y de distinta naturaleza. Ser capaces de reconocerlos te permitirá alejarlos de tu jungla creativa. Aquí están los más comunes:

- Personas o situaciones del pasado que te hicieron creer que no eres creativo.
- Distracciones, como la procrastinación, que surge por no querer enfrentarte a los sentimientos de la tarea (frustración, miedo, vergüenza, culpa...).
- Agotamiento, cansancio o exigencias sobre el resultado.
- Pereza o falta de disciplina.
- Mala gestión de la energía.
- Pensamientos negativos.
- La historia que te cuentas.
- Falta de autoestima y confianza.

- Falsas creencias.
- Crítico interno.

Si quieres poner un pie en la vida creativa, tienes que enfrentarte a los machetes creativos. Esa parte del proceso no es lo más divertido. Piensa en un pintor que lleva dos horas pintando. El cuadro final aún no se entrevé en el lienzo, así que no tiene claro si será una obra maestra o un lienzo con manchas que no le llevará a ninguna parte. Piensa en el escritor que se sienta delante de una página en blanco, ya que las palabras no quieren salir. El pintor coge el pincel y se enfrenta a sus miedos. El escritor pone el culo en la silla, haya o no palabras que quieran salir.

Aparecer es el primer paso para que fluya la creatividad. No necesitas ser escritor ni pintor, ya que los machetes los tenemos todos. Puede que estés sentado delante del ordenador y, al mismo tiempo, pienses por qué no estás pintando mandalas en ese libro que tanto te gusta. Quizá hayas dejado aparcadas esas reformas de la casa que te hacían tanta ilusión o que tengas proyectos a medias o sin empezar. Los machetes talan poco a poco los árboles de tu creatividad. ¿Cómo salimos de ese estado de inapetencia? Ahí está el quid de la cuestión.

LA NAVAJA SUIZA DE LA ALTA SENSIBILIDAD

En la jungla de la creatividad, las PAS tenemos una navaja suiza en la mano para cortar la maleza. Nadie nos ha enseñado a utilizarla. De hecho, la primera vez que tuve una en la mano ni siquiera sabía cómo abrirla. La miraba de reojo, escrutando cada milímetro, sin entender cómo podían caber tantas herramientas en tan poco espacio: «¿Por dónde la cojo? ¿Qué son todas estas herramientas? ¿Cómo funciona?». Un cuchillo, un destornillador, unas tijeras, una lima, un abrebotellas... Un McGyver de bolsillo con soluciones para cualquier problema, una herramienta para quitar la maleza, limar asperezas y destornillar monstruos creativos. Una navaja para cortar las ramas del miedo y del ego que bloquean el camino.

Trabajar la atención selectiva, gestionar los pensamientos, ser conscientes de nuestras emociones y buscar un camino creativo para sacarlo todo a la luz. Ese es el camino para vivir una vida creativa.

Una navaja oxidada

Fui una PAS con una navaja suiza oxidada. No sabía usar ninguna de las herramientas y, con la hoja del cuchillo oxidada, solo podía cortar la maleza del camino que otras personas habían trazado para mí.

¿Me preocupa constantemente lo que dirán los demás? ¿Aprobarán mi decisión? ¿Me querrán? ¿Es esto lo que esperan de mí?

Debo seguir los estándares y las expectativas ajenas, para no decepcionar. Debo tener valor, ser aceptada, ser «normal».

En este estado, cuando intentas utilizar la navaja suiza para trazar tu camino, el óxido de la validación externa acaricia la maleza y no puedes avanzar.

¿Te refugias en tu mente? Allí reina el orden y controlas el pensamiento lineal. La distancia entre el problema y la solución es un camino en línea recta, despejado y sin jungla a la vista.

Cuando dejas ir la necesidad de complacer, la adicción a la valoración externa, apartas la opinión de los otros para crear tus expectativas, y el óxido salta del filo de la navaja.

La creatividad requiere que recrees tu camino y lo recorras en solitario. Aunque la inspiración pueda venir de fuera, nadie más recorre ese camino contigo.

Al andar, quizá te encuentres con bifurcaciones, caminos que no sabes a dónde llevan; debes equivocarte, retroceder, volver al inicio y seguir andando hasta el final.

¿Conoces esa sensación que aparece cuando estás conduciendo por una carretera desconocida, con los ojos a punto de salir disparados por mirarlo todo con atención? ¿Lees todas las instrucciones de un ingrediente nuevo? ¿Por dónde vas a empezar ese proyecto del trabajo? Cuando vas de vacaciones a un destino donde no has estado, ¿cómo te moverás por el país? ¿Aprenderás el idioma o solo algunas frases básicas?

El instinto es la sabiduría interna que sale con fuerza y que se entremezcla con nuestros conocimientos cuando la mente decide acallar el ruido. En ese momento, viene una opción.

Imagina que estás cocinando un pastel. Has puesto harina de avena, pero de forma inexplicable la masa es más líquida de lo que debería. Que aparezca una solución, por favor.

Tienes en la despensa harina de coco, de garbanzos y de arroz. Si el bizcocho te ha quedado muy líquido y no tienes más harina de avena, dispones de alternativas.

Debes crear, improvisar y andar por ese camino incierto. Estás solo ante un bol de masa líquida que necesita una opción para salir de ese estado. No hay forma de compararse ni de recibir aprobación externa *in situ*. Ni siquiera puedes comentarlo.

Nadie sabrá lo que te ha costado preparar ese pastel ni las improvisaciones y decisiones que has tomado por el camino. Los demás solo verán el resultado. Un pastel más o menos apetecible a la vista y que será delicioso, olvidable o incomestible.

Puedes probar una vez más la receta teniendo en cuenta los aprendizajes, fracasos y logros. Para ser creativos, debemos estar preparados para la posibilidad de que nuestro pastel sea la masa más asquerosa que hayamos probado. Esperamos encontrarnos con una tarta deliciosa, pero el fracaso es más amargo y nos aleja del segundo intento.

La idea divina de un pastel de *pornfood* de Instagram te ha animado a atarte el delantal y a convertirte en Martha Stewart en la cocina. La diferencia entre una persona creativa y otra que sueña con serlo es estar dispuesto a poner las manos en la masa y trabajar con ella para ver cómo se convierte en un pastel.

Nadie te garantiza el resultado. La perseverancia frente al fracaso y los obstáculos es la motivación para llegar hasta el final y aprender durante el camino. Los mejores pasteles no son los que salen a la primera, sino los que se acaban. Una masa cruda no es una tarta.

Billy Elliot: *cómo hacer de una masa un pastel*

Billy Elliot es un chico de once años que vive con su familia minera en County Durham, Inglaterra. Le encanta bailar y sueña con convertirse en bailarín profesional. Su padre lo apunta a clases de boxeo, pero las detesta. Descubre que en el mismo estudio hay una clase de ballet y, sin que su familia lo sepa, se apunta. Sin embargo, su padre se entera y le prohíbe seguir con la danza. A pesar de ello, Billy continúa yendo en secreto, ya que le apasiona bailar y su profesora le ayuda a avanzar en su destreza.

Un día, su padre ve a Billy bailando y se da cuenta de su talento, así que se esfuerza para dar a su hijo una oportunidad de seguir sus sueños en el Royal Ballet de Londres.

Aunque no sabía cómo hacer realidad sus sueños, Billy se puso un delantal y se colocó frente a una masa viscosa con la incertidumbre de no saber si llegaría a convertirla en un pastel. No tenía el apoyo de su familia, pero su pasión por el baile lo empujaba a diario a ponerse el delantal para crear, ingrediente tras ingrediente, la masa necesaria para ser bailarín. La creatividad vive bajo los prejuicios de la familia de Billy acerca del baile, por lo que su opinión le hace dudar de su sueño; no obstante, hay algo muy profundo que le impulsa a levantarse de cada caída para seguir adelante.

No importa si tu creatividad no está enfocada en la producción artística, ni si la usas para crear nuevas recetas en la cocina, buscar soluciones alternativas, decorar tu casa, divertirte como un niño o despertar tu curiosidad por todo lo que se te pone por delante. Sea lo que sea, habrá obstáculos y personas que no lo verán así.

Ponte el delantal y trabaja con tu masa hasta que se convierta en el pastel que quieres. Y si a la primera no queda bien, sabrás qué pasos o ingredientes debes cambiar para que la próxima vez te salga mejor.

La creatividad entrena la resiliencia, la aceptación y el músculo de la frustración constructiva. Además, te ayuda a dar la vuelta al concepto de «fracaso», ya que aparece en tu vida cuando estás cerca del éxito. Pero no del éxito de otros, sino del que tú has ideado.

CREATIVIDAD EN LAS PAS

La creatividad no es fácil de definir. Los investigadores no disponen de un método definitivo para comprobar si unas personas son más creativas que otras. Los test suelen reflejar un tipo de creatividad, pero en la vida real está poco relacionada con la creatividad.

Aron puso un ejemplo de un experimento que resultó ser un intento fallido de medir la creatividad.[2] Se basaba en puntuar a los participantes según el número de colores que usaban para crear un mosaico.

La persona más creativa notó que los mosaicos blancos tenían diferentes tonos, por lo que solo usó piezas blancas en su composición, creando un diseño a través de los distintos tonos de blanco. La nota de su experimento fue un cero porque solo utilizó un color.

No podemos saber si el participante era altamente sensible, pero sí afirmar que notar las sutilezas en el color blanco es una ventaja para hacer composiciones visuales originales, fuera de lo común. Es, por lo tanto, una ventaja para la creatividad.

Aunque no hay evidencias científicas claras de que las PAS sean más creativas, existen indicios de que pueda ser así. Algunos indicadores, por ejemplo, nos llevan a esa conclusión.

Sabemos que el porcentaje de PAS en el colectivo de los artistas y los creativos es más elevado que entre la población global. Tanto el bombardeo constante de estímulos en el entorno como el procesamiento sensorial y emocional de forma profunda generan un gran espacio para producir conexiones e ideas sin relación aparente: conexiones creativas.

La creatividad encuentra en las PAS una tierra fértil para crecer sobre la riqueza de información y las conexiones entre los distintos campos. A continuación veremos los indicadores de creatividad de las PAS:

Red Neuronal por Defecto (RND)

Dietrich y Haider asumen que la red neuronal por defecto juega un papel importante en la creatividad.[3]

La RND es una parte del cerebro que se activa en ausencia de la atención focalizada. Activamos esta área del cerebro cuando estamos en reposo, soñamos despiertos, fantaseamos, nos preocupamos o entramos en la introspección.

Sabemos que la RND se activa más para las PAS que para las personas que no son altamente sensibles. Esto se ha determinado mediante el procesamiento de imágenes emocionales y de rostros humanos.[4]

Nancy Andreasen hizo un estudio acerca de las personas creativas. En él, las sometió a sesiones de psicoanálisis y midió los cambios de flujo sanguíneo. Se comprobó que la creatividad es un sistema autoorganizado donde intervienen distintas partes del cerebro, y constató que mantienen una conexión con la red por defecto. Se vio además que la RND está relacionada con:

- La memoria episódica o autobiográfica.
- La inteligencia social.
- Viajar en el tiempo mentalmente.
- Recordar e imaginar.

Otros estudios realizados en China por Li y sus colaboradores también han demostrado que la creatividad se asocia con la red neuronal por defecto y con la red de control cognitivo. Por consiguiente, no hay duda de la relación que existe entre la creatividad y esta red neuronal.[5]

Memoria: preparación para experiencias futuras

Según un estudio sobre la red por defecto,[6] las PAS tenemos más conexiones entre la amígdala y la sustancia gris central; ambas regiones están implicadas en la memoria episódica y en la recuperación de la memoria espontánea. La consolidación de la memoria nos prepara para encuentros con situaciones similares en el futuro. Es como disponer de un fichero con soluciones, opciones y fuentes de información que nos ayuda a afrontar una nueva situación con una mochila cargada de experiencias vividas. La creatividad se nutre de la información consolidada en la memoria, ya que es un archivo infinito que sirve de abono para las conexiones creativas.

Sutilezas

Captar las sutilezas en el entorno que nos rodea nos nutre de información: nos permite ser capaces de ver la textura, el color o el brillo, percibir una fragancia o escuchar cada instrumento en una melodía. Detectar todos estos detalles es una gran ventaja para nuestra creatividad.

Emocionalidad

Sentir las emociones de forma altamente intensa tiene su explicación. Hay una parte oscura del cerebro que se llama «vmPFC» que se encarga de la información sensorial que llega hasta él, además de cumplir otras funciones. En el cerebro de las PAS, el vmPFC está más activo y genera saturación emocional; es la diferencia entre ver una flor o sentirla. Tener el canal emocional abierto y plasmarlo a través de la creatividad da salida a emociones invisibles para otras personas. Un estudio del State University de Nueva York averiguó que un alto nivel de inteligencia emocional se relaciona con una puntuación alta en los test de creatividad.[7]

Conexiones

En los estudios que miden la creatividad, uno de los objetivos es averiguar el número de ideas generadas, es decir, cuántas soluciones, variaciones y elementos hay en la lluvia de ideas.

Suele decirse: «A más ideas, más creatividad». ¿Sí? ¿Seguro?

El volumen de ideas no determina su calidad. La originalidad se basa en que las ideas sean frescas, sorprendentes y apropiadas al contexto.

Si las PAS procesamos información de forma profunda, tiene sentido que hagamos conexiones poco habituales. La creatividad es un descubrimiento, como la idea que florece a partir de la asociación de dos conceptos sin relación aparente.

Toma de decisiones

Aunque a simple vista parezca que a las PAS les cuesta tomar decisiones, poseer una gran cantidad de información dificulta escoger el camino. Por otro lado, se abren más alternativas y la capacidad de escoger con conocimiento de causa. La creatividad necesita decisiones para avanzar, por lo que ser capaz de ver las sutilezas de todas las opciones es la base para tomar buenas decisiones y cambiar de rumbo cuando sea necesario.

Memoria de trabajo

La memoria de trabajo es el sistema encargado de almacenar hechos, números o información sin una relación lógica aparente. La utilizamos, por ejemplo, para memorizar un itinerario con el que podemos llegar del punto A al punto B. También podemos emplearla para elaborar una lista de términos, números, fechas o instrucciones.

C. Matthew Fugate descubrió en su estudio sobre creatividad y memoria de trabajo que los estudiantes superdotados con déficit de atención y baja memoria de trabajo eran más creativos.[8] No hay estudios específicos sobre la memoria de trabajo en las PAS, pero no sería descabellado pensar que existe una relación entre la baja memoria de trabajo, la creatividad y la alta sensibilidad.

¿Te cuesta memorizar como un loro? ¿No sabes dónde has aparcado el coche? ¿Eres de los que se pierden hasta con ayuda de Google Maps? Puede que tu memoria de trabajo esté conectada con todo eso.

Galería de monstruos creativos

Hemos hablado de los machetes creativos, es decir, de situaciones, personas, sentimientos o incluso cosas que nos cortan la creatividad.

Imagina todos esos machetes creativos como unas voces que resuenan en tu cabeza. De hecho, seguro que reconoces su discurso. Son esos ciclos repetitivos de pensamientos y frustraciones que nos vienen a la mente cuando procrastinamos o nos frustramos.

- ¿Qué dicen? ¿Cuál es el mensaje?
- ¿De quién es esa voz?
- Ponles rostro. Dibuja cada una de esas voces como si fuera un monstruo.
- Ponles nombre.

Mi primera profesora de cerámica era, sin duda, uno de mis monstruos. Era la pata de la mesa sobre la que se apoyaba mi creencia de que yo no era creativa. Si la dibujas como un monstruo peludo de ojos saltones, con un delantal lleno de barro y le pones el nombre de Tierra Sucia, te distancias de esa voz y de ese personaje. No eres tú.

Te invito a que dibujes tus monstruos creativos. Advertencia para navegantes: la primera vez que te sientes a hacerlo estarás luchando contra ellos. «¿Cómo dices? ¿Que tengo que dibujar? ¡Pero si no sé dibujar! ¡Qué tontería es esa! Esto no servirá para nada. Lo haré otro día, cuando esté inspirado o quiera afrontar los sentimientos que me genera». No hay mejor momento que ahora.

Si te resistes incluso a planteártelo, tienes ante ti la razón más poderosa para sentarte a dibujar. Quizá no sepas por dónde empezar. El primer monstruo es el más difícil, pues en cuanto sale a la luz y deja de estar en tu cabeza, siente que pierde fuerza; por lo tanto, se niega a marcharse.

En cuanto tengas a uno sobre el papel, ya verás cómo se te ocurren más. Acabarás teniendo tu propia galería de monstruos creativos.

Saber quiénes son y cómo se llaman te permitirá reconocer sus voces cuando hablen en tu cabeza. Ese discurso no es mío, es de «Tierra Sucia». Puedo mandarla a callar cuando se pasa de la raya y coger los aprendizajes de lo que me sirva.

Saca la basura de tu mente: páginas matutinas

En casa tenemos claro que alguien tiene que cerrar la bolsa de la basura, sacarla del cubo y bajarla al contenedor. No podemos tener montañas de basura apiladas en la cocina. Huele, ocupa espacio y nos impide cocinar sin olores extraños ni obstáculos.

Para pensar de manera creativa se necesita espacio y orden. Si tienes pensamientos basura o bucles de ideas en la cabeza, hay que sacarlos antes de ponerse a cocinar; de ese modo, evitamos los malos olores y los tropiezos innecesarios con los sentimientos inservibles que están tirados por el suelo.

Julia Cameron nos cuenta uno de sus métodos estrella en su libro *El camino del artista*: las páginas matutinas.[9] Recomienda escribir tres páginas cada mañana, al levantarnos, sin que nos planteemos un discurso fluido; ni siquiera tiene que ser coherente. Se trata de escribir de manera automática tres páginas, por delante y por detrás, acerca de cualquier pensamiento que se nos pase por la cabeza.

Sacar la basura mental y soltarla sobre un folio es una de las experiencias más gratificantes. Te permite atar tus pensamientos y sentimientos, dejarlos fuera. Quéjate, permítete tu momento de pataleta; saca la rabia, la tristeza y mata a quien quieras. Escribe cien veces «No sé qué escribir» si lo necesitas, pero completa esas tres páginas de principio a fin.

Los pensamientos y sentimientos deambulan por nuestra cabeza y necesitan salir de forma desesperada. A veces lo hacen cuando ladramos a nuestra pareja, reaccionamos ante una situación de manera desmedida o nos enfadamos de forma gratuita para canalizar el sentimiento. En vez de ladrar a alguien, déjalo todo en el papel. Ahí descargarás tus machetes o monstruos creativos, la frustración, la ira, el miedo, los pensamientos negativos...

No todo será malo. También las llenarás de deseos, sueños no cumplidos, actividades que te gustaría probar o caminos sin explorar. Cameron recomienda que no las leas una vez las tengas escritas.

En cuanto acabes, la cocina de tu mente olerá bien y no quedará basura en medio de tu creatividad. Podrás crear soluciones y proyectos creativos. Podrás preparar la receta que querías probar desde hace tiempo, pintar, dar un paseo o mirar por la ventana para disfrutar del paisaje. Una vida creativa no es solo hacer; lo más importante es estar y ser.

Afirmaciones creativas

Ahora que ya has sacado la basura de tu cabeza y tienes claro cuáles son tus monstruos creativos, llena tu mente de pensamientos positivos y de motivación creativa.

Cuando empecé a crear afirmaciones, cogía frases que parecían sacadas de una fábula. Recurría a la positividad que procedía de las tazas de café que cogía prestadas de otras personas.

Las afirmaciones deben ser personales, tuyas. Esas frases te impulsan, te las dices de forma natural.

Escríbelas en unos pósits y pégalas en el espejo del baño, en el escritorio, en la nevera o donde quieras para que puedas verlas y conectar con ellas.

Inspirarte en frases de Instagram es genial, pero no son tuyas ni forman parte de tu modo de pensar. Presta atención a tus palabras, las que salen en tus conversaciones, en los mensajes que mandas, en los e-mails que escribes, etc.

Te propongo algunos ejemplos, pero recuerda que debes

escribir las tuyas. Tus palabras tendrán más fuerza que estas afirmaciones:

- Mirar es crear.
- Mi creatividad me lleva a mi verdad.
- La creatividad es una forma de vivir.
- Soy humano, soy creativo.
- Estoy dispuesto a poner mis habilidades y mis talentos al servicio de los demás.

La incultura creativa

En la época de la Revolución Industrial, las máquinas estaban en el punto de mira, ya que se pretendía impulsar la producción para una sociedad de consumo. El ser humano empezó a formar parte de cadenas de trabajo donde se le pedía un movimiento corporal repetitivo que formaba parte de ese engranaje.

La creatividad no tenía lugar en esa cadena de montaje. Cada obrero hacía la tarea asignada con un ritmo constante y preciso. Con el paso del tiempo, empezamos a delegar en las máquinas la tarea de fabricar y crear productos; los humanos nos dedicamos a administrar, gestionar y planear estrategias.

¿Dónde queda la creatividad cuando el sistema de vida se basa en lo material?

Las artes quedan relegadas a un currículum secundario en la escuela, una vía muerta en la educación que estaba más cerca de ser considerada un divertimento que una forma de vida o de pensar.

Las personas serias no son creativas. Más de una persona que encontraba en el arte su vocación habrá oído: «¡Niño! Déjate de música, de pintar y de escribir. No son trabajos serios, te morirás de hambre».

No podemos obviar el estilo de vida que se impone y, al final, la creatividad ha cogido aires de Revolución Industrial. Ahora los cuadros se compran en grandes almacenes, las camisetas se venden en cadenas de ropa internacionales y los artesanos han quedado relegados a una anécdota en mercados medievales y ferias del fin de semana.

Vemos la creatividad como algo que nos da como resultado un producto que podemos coger con las manos. Sabemos que un invento, un jabón y un cuadro se crearon con una idea que se ha materializado en el mundo que vivimos.

La creatividad no solo son ideas y productos. La naturaleza es creativa por excelencia, ya que busca soluciones con los recursos que tiene a su alcance. Es inteligente.

La creatividad es una forma de vivir. Obviamente, tanto las ideas como su materialización tienen un papel importante en el mundo, pero eso no es todo. La creatividad vive en la vida cotidiana. Existe una creatividad personal, y cada uno debe darle espacio para salir.

Cocinar, plantar semillas en el jardín, decorar el salón de tu casa, hacer *scrapbooking*, hornear pasteles, escoger el estilo de tu ropa, el maquillaje y el corte de pelo que llevas, decidir el formato de un archivo PowerPoint o la foto que vas a subir a las redes sociales, observar cómo pasan las estaciones del año en el árbol que ves desde la ventana. Todo es creatividad.

Como PAS, debemos integrar nuestra naturaleza; qué mejor forma de hacerlo que familiarizándonos con el proceso creativo. A través de él, podemos aprender de la sensibilidad y convertirla en un recurso.

Abraza todos los aspectos del proceso creativo: hallar la idea, sentir frustración, perderse por el camino, reencontrarse, convertir esa idea en realidad, liberarla al mundo y disfrutar de cada uno de los peldaños del proceso.

MIL Y UNA NOCHES CREATIVAS

Érase una vez un sultán que vivía con su esposa en palacio. Un día encontró a su esposa engañándolo con otro hombre. En un ataque de ira, y como venganza por su fechoría, el sultán mandó ejecutar a su mujer. Desde entonces, cada día desposaba a una joven virgen y ordenaba que la decapitaran al día siguiente. Este despiadado hábito era su forma de evadir la traición de su primera mujer.

Tres mil días habían pasado desde el engaño de su primera esposa, por lo que ya había acabado con la vida de tres mil mujeres. En aquel reino había una mujer llamada Sherezade, hija del gran visir. Se ofreció voluntaria para casarse con el sultán, con el fin de aplacar su ira.

En su primera y última noche como esposa del sultán, Sherezade pidió permiso a su esposo para que le diera un último adiós a su hermana, Dunyazad, y él accedió a su petición. Cuando se reunieron, la hermana le pidió a Sherezade que le contase un cuento, tal y como habían planeado en secreto para que lo escuchara el sultán.

Así Sherezade empezó una narración que duró toda la noche. De esa forma, consiguió mantener al rey despierto y este escuchó la primera historia con gran interés y asombro. Cuando acabó, el sultán le pidió que continuase el relato. Ella prosiguió hasta la llegada del alba, que era la excusa perfecta para postergar la narración hasta la noche siguiente.

El sultán la mantuvo con vida, esperando con intriga la siguiente historia. Noche tras noche, durante mil y una noches de aventuras y con tres hijos, Sherezade educó sabiamente al sultán y dejó de ser una concubina para convertirse en su esposa de pleno derecho. El rey, que iba deshaciéndose de su ira con cada relato que escuchaba, recuperó su moralidad y su amabilidad.

Sherezade es un personaje y la narradora principal del libro *Las mil y una noches*, una recopilación de cuentos farsi. Algunos de los más famosos son «Aladino y la lámpara maravillosa», «Alí Babá y los cuarenta ladrones« y «Simbad, el marino».

Si observamos *Las mil y una noches* desde un punto de vista creativo, queda claro que Sherezade era una gran contadora de historias, una mujer sabia y creativa que, a través de su voz, su imaginación y su capacidad para captar la atención, consiguió lo que ninguna de las tres mil mujeres anteriores había logrado.

No solo había salvado su vida, sino que, de una forma creativa, entretenida y divertida, había educado con amabilidad al sultán sin suplicar por su vida. Su valor, originalidad y creatividad la salvaron a ella y al reino de una crueldad que había durado demasiado tiempo.

Una vida creativa

Los humanos necesitamos jugar, crear, reflexionar, hacer volar la imaginación, curiosear, investigar, preguntar. Por alguna extraña razón, nos olvidamos de la necesidad y destinamos nuestros esfuerzos al deber. Tenemos que trabajar, pensar, organizar, programar, sobrevivir.

Al ver el deber como una tarea ardua que se aleja de la diversión, perdemos la oportunidad de vivir una vida creativa.

Parece que la seriedad y la perfección aportan un valor añadido a la tarea que, de repente, se convierte en un trabajo bien hecho. Cada mañana, cuando haces la cama, pones cara de asco mientras estiras las sábanas, te arrastras y maldices esa tela arrugada que volverá a estar hecha una bola al día siguiente. Refunfuñar es serio, la apatía es normal. Está bien porque lo hace todo el mundo, ¿no?

Si, por el contrario, pusiéramos música alegre, saltásemos sobre el colchón, aprovecháramos las sacudidas de la funda de la almohada para bailar al ritmo de la música, hiciésemos una guerra de cojines o nos imagináramos que el colchón está haciendo un estriptis en toda regla, arreglar la cama ya no sería una tarea seria, ¿verdad? De hecho, si alguien entrara en la habitación, pensaría que estás loco de remate.

Por loco que estés mientras saltas sobre el colchón y desnudas las almohadas, el resultado es el mismo: la cama está hecha. La diferencia se encuentra en el proceso: uno es asqueado y aburrido; el otro, divertido y alegre. ¿Cuál prefieres?

Podemos aprender mucho de la creatividad. Cuando nos entregamos a una vida creativa, somos capaces de vivir en plenitud con la bella sencillez de lo cotidiano.

Según Mihály Csíkszentmihályi, profesor de Psicología y Educación, hay dos tipos de creatividad: la cultural y la personal.[10]

La creatividad cultural es ese pedestal artístico que solo está al alcance de unos pocos con talento, quienes, con sus habilidades, aportan ideas creativas a la sociedad. Su creatividad se manifiesta en forma de obras de arte, rascacielos, nuevas tecnologías, descubrimientos científicos, programas de *software* innovadores, etc.

La creatividad personal, que es de la que hablaremos aquí, es inherente a nuestra vida cotidiana. Llevar una vida creativa nos permite disfrutar, divertirnos, pensar de forma diferente, soñar e imaginar. Además, también la utilizamos para encontrar soluciones a cualquier problema; de esta forma, el proceso de encontrar una solución se convierte en un juego, en una lluvia de ideas que engloba tanto las más locas como las más lógicas.

Utilizar la creatividad a diario nos impulsa a cambiar la perspectiva que tenemos de la realidad.

CREATIVOS

La creatividad es la emoción de la pintora que contempla su caballete mientras piensa con el pincel en la mano. Es la ilusión que siente la escritora frente al fluir de las palabras o la curiosidad que guía a un científico en el laboratorio para encontrar soluciones alternativas a los retos. ¿Y quién no quiere ilusión, pasión y curiosidad en el día a día?

La creatividad también es meditar, rezar, contemplar un paisaje, aprender una habilidad nueva, desarrollarla, aceptar una verdad incómoda, construir algo con las manos, cocinar, mirar al cielo en una noche estrellada, observar la sonrisa de los niños...

Los humanos somos creativos, qué le vamos a hacer. Delante de una cesta de fruta, un animal ve alimento, sustento, comida. Nosotros somos capaces de frenar el impulso de alimentarnos para abrir una ventana de posibilidades: podemos tallar fruta con formas y figuras imposibles, hacer distintas preparaciones (sorbetes, batidos, licuados, helados), crear un mosaico con frutas, convertir la cáscara del coco en un biquini o en un recipiente, decorar con frutas secas o frescas... Las opciones son ilimitadas. Si tomamos de la mano a la imaginación sin límites y echamos el freno al impulso de la supervivencia, la creatividad sale a borbotones.

La creatividad es la semilla, la idea y el proceso. La innovación, por otro lado, es la materialización del resultado final. Los inventos han impulsado a la humanidad para que desarrollemos nuevas formas de vivir, pensar y relacionarnos.

En algún momento, a un ser humano con taparrabos se le ocurrió frotar dos piedras; entonces salieron unas chispas y... *voilà!* Se hizo el fuego. Quizá vio por casualidad que habían surgido unos destellos de luz mientras jugaba con dos piedras, de modo que quiso averiguar de qué se trataba; al final, consiguió dominar el proceso y entender cómo hacerlo a voluntad. La curiosidad es el motor de la creatividad.

Enric Bernat fue un pastelero y confitero barcelonés que,

en 1959, sacó al mercado un caramelo con un palito que permitía sacárselo de la boca. Es lo que todos conocemos hoy como Chupa Chups. Como decía la publicidad: «Un palito lo sostiene para no mancharte tú».

Bernat se inspiró al ver que los niños, los principales consumidores de caramelos, tenían la costumbre de sacarse el caramelo de la boca y se manchaban las manos. Mientras observaba a los niños, una idea cruzó su mente para evitar que se ensuciaran.

Las nuevas creaciones, los inventos y los hallazgos son fruto de la creatividad. Más adelante veremos unos elementos comunes que permiten que la creatividad se deslice por nuestra mente. Son, entre otros, la atención, la curiosidad, la conexión de ideas, el pensamiento convergente y el pensamiento divergente.

CONTRATO DE CREATIVIDAD

Desde este instante, eres creativo. No pierdes nada por serlo. Para ser creativo solo necesitas utilizar el poder de la fe como motor. Te invito a dar forma a un contrato de creatividad contigo mismo.

Contrato de creatividad conmigo mismo:

Soy creativo porque...
Mis recursos y habilidades son...
Estoy dispuesto a...
Para mí, una vida creativa es...

Si piensas que no eres creativo, no lo serás. Si quieres serlo, primero debes creer que lo eres. Cuelga este contrato donde puedas verlo diariamente. Para ser creativo, tendrás que cambiar tu punto de vista, tu pensamiento y tu forma de interpretar la realidad. Empieza por reescribir tu concepto de creatividad.

La curiosidad

Cultivar la curiosidad es un aspecto central de la creatividad y de una vida plena. Con la edad, perdemos la capacidad de admiración por la realidad que nos rodea. La sorpresa desaparece cuando creamos una visión del mundo que, por objetiva que nos parezca, es solo nuestra.

Para los niños todo es una novedad, una experiencia; la ilusión de las primeras veces, la certeza de tener más preguntas que respuestas.

En la edad adulta es difícil que la realidad nos asombre, pero no todo está perdido. Pocas cosas nos sorprenden porque automatizamos lo que vemos. Cuando nos lavamos los dientes por la mañana y nos miramos al espejo, lo hacemos como una obligación. Dejamos de prestar atención al movimiento del cepillo. No observamos el color de las encías o si se producen cambios en el esmalte cuando usamos otro dentífrico.

¿Cómo nos sentiríamos si prestáramos atención cuando nos lavamos los dientes, si pusiéramos todo nuestro ser en el movimiento de la mano y observáramos cada trazo del cepillo sobre la dentadura?

¿Cómo nos sentiríamos si imagináramos que con cada cepillada estamos peinando cada fibra del cepillo? Tenemos la oportunidad de disfrutar de la curiosidad durante esos minutos que forman parte de nuestra rutina diaria.

Podemos aprovechar para agradecer diez cosas que nos sucedieron ayer con cada movimiento del cepillo. Del mismo modo, somos capaces de pensar en una actividad que nos hace mucha ilusión del día que está a punto de empezar. Las opciones son ilimitadas.

La creatividad en la vida diaria

Vemos la creatividad como un proceso que ofrece un resultado artístico, innovador y rompedor. Algo que trasciende.

Los niños son creativos por naturaleza. Con unos trozos de cartón, unas cajas y unos bolis de colores crean mundos mágicos a sus pies. No se cuestionan si pueden dibujar o inventar historias de magia. Simplemente lo hacen.

Los adultos, en cambio, hemos olvidado que podemos hacer lo que se nos ocurra. Las riendas del cerebro izquierdo nos aprisionan, por lo que la creatividad se encuentra con una carretera en obras que no la deja salir.

La creatividad cotidiana aparece cuando encontramos soluciones creativas a cualquier problema.

Estaba en la biblioteca. Fui hacia una mesa y allí, rodeada de libros, intenté escoger a mis próximas víctimas de lectura para devorar. Después de hojear y analizar a los mejores candidatos, me dirigí a la máquina de préstamo. Sin embargo, al rebuscar en mi bolso, me di cuenta de que había olvidado el monedero en casa. No llevaba el carnet de la biblioteca. ¿Y ahora qué?

Hace años quizá me hubiera enfadado y hubiera devuelto los libros a la estantería, pero ahora siempre pienso que tengo otra opción que aún no he podido ver, así que me siento a pensar.

Necesito sacar los libros de la biblioteca y llevármelos a casa. ¿Qué tengo?

- Una copia digital del DNI en el móvil.
- Una página web y redes sociales con las que puedo demostrar que soy yo.
- Facturas en mi e-mail en las que está la dirección de mi casa.

¿Qué puedo hacer?

- Ir a casa a buscar el carnet de la biblioteca, pedir que me guarden los libros mientras tanto y volver luego a recogerlos.

Decido ir al mostrador. Pienso que, seguramente, el bibliotecario tendrá más opciones que yo, de modo que le explico lo que me ha pasado. Él me pregunta si llevo el DNI y le respondo que puedo enseñarle una copia digital. Me dice que con esa copia, comprobará los datos de mi ficha, así que puedo sacar los libros de la biblioteca.

Este problema cotidiano no lo resolví enfadándome y frustrándome con los límites que me había impuesto. Por un momento, renuncié a sacar los libros.

En el día a día nos encontramos con un montón de obstáculos que debemos superar, pero si conseguimos reírnos a carcajadas, disfrutar pensando en opciones y quitarle hierro al asunto, seremos más felices y veremos cualquier contratiempo como otra oportunidad para jugar pensando.

La creatividad es un hábito

Cuando entra en juego la palabra «hábito», inevitablemente la pereza hace acto de presencia. ¿Otra tarea más en la lista? ¡No tengo tiempo! ¿Debo buscar un momento concreto para ser creativo? ¿Qué demonios es un hábito creativo?

Un hábito es una acción que realizamos a menudo de forma consciente o inconsciente: lavarnos los dientes, vestirnos, desayunar, escribir en un diario, leer en el metro de camino al trabajo...

Hemos idealizado la creatividad a través de la mal entendida inspiración. Pensamos que a los pintores les surgen ideas repentinas, les asalta la inspiración y, de una sentada, son capaces de crear esa obra que vieron acabada en su mente.

En la vida real, el mito del artista-genio nos hace creer que nunca podremos lograr algo así. El secreto que quiero compartir contigo es el siguiente: el proceso no va de la inspiración a la producción, sino de la producción a la inspiración.

Para pensar de forma creativa, para escribir, pintar, ver cómo nace un proyecto o cocinar una receta nueva, hay que sentarse y ponerse manos a la obra. No sabrás por dónde empezar, pero poco a poco, a través de la frustración, se irá abriendo paso un camino. Las ideas comenzarán a fluir.

Menos mal que el proceso creativo se activa cuando te sientas a trabajar. Si no fuera así, nadie podría ganarse la vida con profesiones que utilizan la creatividad como su principal herramienta para trabajar. Nadie podría pintar cuadros, escribir libros o construir muebles porque estarían siempre esperando que la inspiración llamara a la puerta.

La inspiración existe, así como las ideas espontáneas y las musas que susurran al oído; pero son la excepción, no la regla.

La buena noticia es que la creatividad se puede cultivar a través de rituales diarios, hábitos con los que tiene espacio para salir a jugar y hacer de las suyas. Quien quiera crear e idear necesita utilizar rituales creativos para desatascar sus tuberías y dejar que fluyan las ideas.

Cuanto más cultives la creatividad, más fácil será que aparezca de forma espontánea. En el libro *Daily Rituals: How Artists Work*, Mason Currey[11] describe los rituales de varios artistas de todos los tiempos (compositores, científicos, bailarines, escritores...). No están exentos de hábitos creativos. De hecho, son quienes más los practican, por lo que podemos aprender de sus rituales.

En *Daily Rituals*, Currey cuenta que Simone de Beauvoir se tomaba un té al levantarse, trabajaba de diez de la mañana a una de la tarde, comía con sus amigos y seguía trabajando de cinco de la tarde a nueve de la noche.

Jane Austen se levantaba temprano, antes de que las demás mujeres de la casa se despertaran, y tocaba el piano. A las nueve de la mañana ya había preparado el desayuno, una de sus tareas domésticas; después, se sentaba a escribir. La habitación donde lo hacía tenía una puerta que chirriaba al abrirse. Resultó ser una alarma perfecta para ella, ya que le advertía de la llegada de visitantes; si alguien entraba, le daba tiempo a esconder los papeles y ponerse a bordar y coser, como el resto de las mujeres.

Cuando vivía en Barcelona, Joan Miró solía levantarse a las seis de la mañana, desayunaba un café con tostadas y se encerraba en el estudio de siete a doce; sobre esa hora paraba para hacer una hora de ejercicio, como boxeo o correr. Comía a la una de la tarde y terminaba su almuerzo con un café y tres cigarrillos, ni uno más ni uno menos. Luego practicaba yoga y dormía una siesta de cinco minutos. Hacia las dos del mediodía recibía a amigos, se ocupaba de algún asunto de negocios o escribía cartas. Una hora más tarde volvía al estudio y permanecía en él hasta la hora de cenar. Cuando acababa, leía o escuchaba música.

Woody Allen opina que los cambios momentáneos estimulan un auge de energía mental. Él recoge este aprendizaje, así que suele cambiar de habitación para pensar en el argumento de sus historias, sale a pasear e incluso toma duchas extra para revitalizar las ideas que le rondan por la cabeza.

Quizá estés pensando que acabo de borrar de un plumazo la idea del glamour artístico, pero parte de desmitificar la creatividad consiste en entender que en la mayoría de los casos no es fruto de la inspiración divina, sino de los hábitos diarios. Se trata de ponerte un día tras otro delante de la hoja en blanco, frente al mármol de la cocina o sentado en tu escritorio. Entonces creas.

Tu ritual creativo

Te invito a que averigües cuáles son los hábitos de un autor o artista que admires. Seguro que han hablado de sus costumbres creativas en entrevistas, libros, etc. ¿Cuánto tardó en escribir ese libro que tanto te gusta? ¿Qué rituales tenía? ¿Qué dificultades se encontró durante el proceso?

Cuando descubras los hábitos de tus referentes, te invito a que crees una rutina creativa diaria que sea sencilla, pequeña, fácil y divertida.

Simone de Beauvoir se tomaba un té matutino y Jane tocaba el piano. Miró leía, escuchaba música y hacía ejercicio. Y Woody Allen podría estar en la ducha. Como ellos, debes encontrar un pequeño hábito que ponga a trabajar tus jugos creativos.

Aquí te dejo algunas preguntas trampolín para que des forma a tu ritual creativo:

- ¿Dónde se te ocurren las mejores ideas?
- ¿Qué te ayuda a calmar la mente?
- ¿Cuál es tu momento favorito del día?
- ¿Qué actividad hace volar tu imaginación?

El arte de caminar

Saca a pasear la creatividad. Salir a andar es una actividad que solemos relacionar con las obligaciones. Caminamos al hacer recados, al ir a comprar o al coger el coche para desplazarnos.

Es una actividad creativa que nos ancla en el presente.

Pensadores y filósofos de todos los tiempos, desde Aristóteles a Steve Jobs, han hablado de la reflexión durante el paseo.

Nietzsche decía que las mejores ideas surgen andando, y afirmaba: «Todos los pensamientos verdaderamente grandes se conciben paseando». El filósofo se levantaba a las cinco de la mañana, trabajaba hasta el mediodía y después subía a las montañas que rodeaban el pueblo donde vivía. Pasaba horas caminando por la naturaleza.

Kant paseaba metódicamente por el pueblecito de Königsberg. Cada tarde, de cinco a seis, tenía una cita con el bosque, por donde siempre seguía el mismo recorrido.

Rousseau se aficionó al paseo tras la publicación de su *Discurso sobre las ciencias y las artes*, en el que hablaba sobre la vida sencilla de la antigua Esparta.

En el año 335 a. C., Aristóteles fundó su escuela, el Liceo. Caminaba por el jardín (*peripatos*) mientras hablaba a sus alumnos. De esos paseos brotó la corriente filosófica de los peripatéticos, los discípulos de Aristóteles que tenían la costumbre de pensar y enseñar a sus alumnos mientras andaban.

La expresión en latín *Solvitur ambulando* significa «Se soluciona caminando». Andar es una buena forma de sacudirse el polvo del miedo. Podemos sacar a pasear los monstruos creativos que odian el aire fresco para que se empapen de nuestra esencia.

¿Por qué las mejores ideas llegan paseando?

Las piernas ayudan al cerebro a pensar de otro modo. Pasear es uno de los rituales creativos por excelencia. No subestimes el poder de caminar para cambiar de perspectiva, resolver problemas o encontrar soluciones.

Cuando andamos sin prisas, el cuerpo deduce que estamos haciendo ejercicio; por lo tanto, pone en marcha la maquinaria para conseguir más oxígeno y aumentar el flujo sanguíneo. Esto tiene un efecto inmediato en el cerebro, ya que le llega más sangre, oxígeno y glucosa. Como consecuencia, se produce una gran fluidez mental.

Si hay un parque cerca de tu casa o tienes acceso al bosque o a la playa, sal a pasear. Si vives en una ciudad, dar una vuelta a la manzana te producirá el mismo efecto.

El camino con mayor resistencia

La creatividad huye de la vía fácil y evita lo establecido. Es un camino inexplorado en que los pasos no están claros. Andar en la oscuridad nos da miedo porque no sabemos qué nos depara el sendero desconocido.

Somos animales de costumbres que tomamos siempre la misma calle para llegar a casa. Cada día realizamos los mismos trayectos con el piloto automático encendido, sin mirar por dónde vamos.

El cerebro tiende a automatizar, optimizar procesos y tomar la misma vía. Nos proporciona seguridad porque no tenemos que pensar, nos dejamos llevar.

La creatividad es ir a casa por un camino distinto. Tenemos que prestar atención, ya que podemos perdernos. Nos frustramos e incluso llegamos a sentirnos estúpidos por no saber hacia dónde ir o por tener que mirar el GPS en cada cruce.

El libro *¿Quién se ha llevado mi queso?* cuenta una historia que ilustra el camino de la creatividad.[12] Los protagonistas son dos ratoncitos, Oli y Korri, y dos personitas, Kif y Kof. Los cuatro personajes se conocen en un laberinto. Mientras intentan descubrir las distintas rutas, encuentran una central quesera repleta de queso. Sin duda, es el paraíso de los ratones.

Kif y Kof, las personitas, se confían; deciden acudir cada día a la central para disfrutar de una comilona de queso. Un día descubren que no quedan más reservas. Regresan día sí y otro también con la esperanza de que el queso vuelva a aparecer, ya que confían en ello.

En cambio Oli y Korri, mientras disfrutaban del queso en la central, se fijaron en que las reservas de su manjar preferido iban reduciéndose con el tiempo. Teniendo en cuenta que la cantidad de queso era cada vez menor, buscaron un camino alternativo dentro del laberinto que les condujo a otra central quesera que resultó más grande que la primera.

La creatividad consiste en buscar caminos alternativos, darse cuenta de que las reservas de queso están bajando y asumir que el camino aprendido ya no nos sirve. Puede que te sorprendas al ver una nueva central quesera que sea mejor que la primera. Si te empeñas en seguir el camino conocido, esa oportunidad desaparece.

El camino con mayor resistencia es, sin duda, el que nos frustra, el que genera dudas y hace que luchemos con los sentimientos que queremos evitar. Nos adentra en la oscuridad y el desconocimiento. Hace que pensemos que nos hemos perdido a cada paso que damos.

Si mantenemos una mentalidad de juego, exploración y

curiosidad, podemos adentrarnos en un nuevo espacio y prestarle toda nuestra atención. De esta forma, sacamos el máximo provecho y, además, lo pasamos bien durante el proceso.

Para vivir las ventajas de una vida creativa, debemos estar dispuestos a equivocarnos, salir de la zona de confort, levantar los límites autoimpuestos y ser los únicos de la sala que contemos con otra opción. Puede que al final del camino desconocido haya más queso y que este sea más delicioso que el de la central quesera a la que estás acostumbrado. Por mucho que te cueste ir por el laberinto oliendo un rastro de queso sin que sepas a dónde te lleva, piensa que solo se alcanza el éxito a través de los errores.

Aunque nos quieran vender una historia distinta en la realidad, sabemos que el éxito es el resultado de múltiples fracasos. Para dar con la fórmula correcta, es necesario haber fallado cientos de veces y averiguar cómo no hay que hacerlo. La creatividad es la práctica del camino desconocido que aún está por descubrir. Seguro que conoces al hombre que inventó la bombilla. Thomas Edison fue uno de los innovadores americanos más importantes, y él dijo: «No he fracasado. He descubierto diez mil maneras que no funcionan».

Creatividad para situaciones imprevistas

Las PAS tendemos a querer controlar el entorno. Queremos saber a qué nos enfrentamos y cómo se desarrollará la situación. Anticiparnos al futuro nos aporta seguridad para evitar que el sistema se sobresature.

En la vida real es imposible adelantarnos a todo. Por lo tanto, debemos quedarnos con lo que podemos controlar y dejar ir lo que no es clave para nosotros. De ese modo, viviremos tranquilos y disfrutaremos de los imprevistos. Es más, quizá lleguemos a verlos como nuevas oportunidades.

La creatividad es como una navaja suiza diseñada para las situaciones imprevistas. Es una herramienta multifuncional que nos permite afrontar cualquier situación sin haberla analizado con anterioridad.

Somos animales de costumbres. Preferimos la rutina y las mismas soluciones trilladas de siempre porque las conocemos. Si estamos acostumbrados, el desgaste de energía es menor. Y nuestra cabecita busca la optimización.

Los imprevistos nos impulsan a caminar por esa jungla que nos da pavor. Tememos que haya un león entre la maleza, así que intentamos evitar ese camino a toda costa.

¿Y si aprovecháramos los acontecimientos inesperados para sacar la navaja suiza del bolsillo? Con práctica, sabremos usar las herramientas de manera adecuada para obtener la mejor solución en cada momento sin necesidad de anclarnos en opciones conocidas.

Para ser creativos a diario, necesitamos:

- **Atención selectiva:** centrarnos en todos los aspectos de la situación.
- **Perspectiva y observación:** mirar desde todos los puntos de vista. Observar desde una visión alejada de la que tenemos grabada por defecto.
- **No generalizar:** huir de prejuicios y tópicos donde la creatividad es eliminada. Cuestionar lo obvio.

- **Flexibilidad y adaptabilidad:** dejar ir el apego por una solución concreta o por un elemento de la ecuación. Surgirá si aumentamos la distancia y si estamos dispuestos a adaptarnos.

La magia no vive en Hogwarts

Desde el balcón, veo un humo blanco y espeso que asciende poco a poco hasta que se une con las nubes. Sale de la chimenea gris de una fábrica. Me imagino que están elaborando pócimas mágicas y que las lanzan al aire para que todos seamos creativos. Cada mañana salgo al balcón y me imagino que esa nube espesa está llena de polvo mágico y destellante que nutre mis ideas y mi imaginación.

La magia no vive en Hogwarts, sino dentro de tu cabecita. Tú decides si prefieres ver una fábrica con humo contaminante o con polvo mágico creativo. Si prefieres un atasco provocado por un accidente o imaginar que hay un unicornio en mitad de la carretera y que los coches se han detenido para mirarlo.

Los niños tienen la capacidad de ver magia en todas partes. Pueden buscar explicaciones en los mundos de fantasía y crear historias en cualquier ocasión.

De pequeña, me encantaban los miércoles. Cuando llegaba a casa después del colegio, mi madre abría la puerta y yo, con la boca abierta, empezaba a gritar: «¡Mamá, mamá! ¡Han venido las hadas!».

Cada miércoles llegábamos a casa y sabía que era el día de las hadas. Habían recogido la casa y limpiado el suelo. Desde la entrada, llegaba un fuerte aroma a pino. Por las mañanas, antes de salir de casa, miraba con atención todas las habitaciones porque sabía que, cuando volviera de la escuela, las hadas habrían hecho su trabajo.

Con el paso de los años descubrí que habíamos contratado un servicio de limpieza del hogar y que venía los miércoles. Aun así, para mí siguió siendo el día de las hadas. Me hacía mucha ilusión llegar a casa y recorrer los pasillos relucientes.

La magia está por todas partes, pero solo si decides verla. Imagina, crea y pinta cualquier situación con polvos mágicos. Disfrutar con ver la casa limpia y pensar que las hadas se han encargado de ella abre un mundo de curiosidad.

Conexiones creativas

Una mañana, Bill y Barbara Bowerman estaban preparando el desayuno, unos gofres al más puro estilo americano. Él era entrenador de atletismo en la Universidad de Oregón. Durante los entrenos, se fijó en que las zapatillas de los corredores no se agarraban bien al pavimento de las pistas.

A lo largo de su trayectoria profesional, Bill había preparado a decenas de atletas olímpicos. Motivado por conseguir un calzado que se ajustara a las necesidades de los corredores, había montado una pequeña empresa de importación para traer zapatillas de atletismo desde Japón. Incluso tenía un pequeño laboratorio en casa para evaluarlas.

Mientras seguía buscando un calzado ligero, rápido y capaz de adherirse a la pista, su mujer cogió la espátula para sacar los gofres de la gofrera.

De pronto, Bill estableció una conexión: ¿y si las suelas de las zapatillas tuvieran forma de gofre? Quizá de ese modo conseguiría la adherencia que necesitaba.

Gofrera en mano, se encerró en su pequeño laboratorio y ese día creó el prototipo de zapatilla que lanzaría la empresa de su sótano a la fama mundial. De este modo surgieron las zapatillas *Nike Waffle Trainer*.

Este gran ejemplo de conexión creativa apareció cuando se vincularon dos ideas que, aparentemente, no tenían nada que ver: las zapatillas de atletismo y los gofres.

Si Barbara Bowerman no hubiera sido una gran cocinera de gofres, el atletismo se habría perdido un calzado que revolucionó la adherencia y la ligereza.

Quién iba a decir que unos gofres formarían parte de los orígenes del Nike que conocemos hoy.

Hay cientos de ejemplos de conexiones creativas. Gandhi creó la revolución a través de la no violencia y las marchas pacíficas, Coco Chanel diseñó trajes con perlas, y Gutenberg conectó el sistema de una prensa de vino para crear la imprenta.

Las personas que suelen establecer más conexiones tienen más ideas creativas.

¿Cómo entrenar las conexiones?

Si crees que te cuesta realizar conexiones creativas, no te preocupes; es una habilidad que se puede entrenar. Además, no solo es divertida; con estas conexiones, fortalecerás el pavimento de las carreteras creativas de tu cerebro, por lo que cada vez te costará menos recurrir al pensamiento creativo y a las soluciones alternativas que este te puede ofrecer.

Podemos crear estas conexiones con un sinfín de ejercicios. A continuación te propongo tres para que actives el músculo creativo.

Práctica para crear conexiones

Henry Ford dijo: «No inventé nada nuevo. Simplemente junté los descubrimientos de otros hombres que trabajaron en ello durante siglos».

Detrás de las ruedas

1. Mira atentamente las piezas del coche de la ilustración de la página siguiente. El objetivo es que cojas cada pieza y le busques usos alternativos. Crea algo que no tenga nada que ver con un coche. Por ejemplo: utilizar las ruedas para crear la valla de una carretera.

2. Combina distintas piezas. ¿Qué otros inventos, creaciones y usos puedes darles? Por ejemplo: podríamos coger la rueda y crear una mesa usando las llantas como patas.

3. Ahora, combínalas con otros elementos que no sean piezas de coche. Por ejemplo: podríamos coger las ruedas y, con un palo, hacernos unas pesas, confeccionar un vestido de caucho o elaborar un candelabro para colgarlo en el techo del comedor.

Tu imaginación no tiene límites. Tírate al ruedo.

Se abre el telón...

Los chistes de «Se abre el telón...» son de los primeros que aprendemos, ya que no son difíciles de recordar. En ellos se vinculan dos elementos conocidos para crear uno nuevo. Es un gran ejemplo de conexión creativa.

«Se abre el telón: aparece un cerdo que despega y otro que aterriza. ¿Cómo se llama la película? "Aeropuerco"».

Por buenos o malos que nos parezcan, son chistes creativos que generan conexiones. En este ejemplo, ambos cerdos se han conectado con un aeropuerto.

Te propongo que crees tus chistes. Para empezar, cruza dos elementos.

Aquí tienes algunos ejemplos:

«Se abre el telón y se ve un pelo encima de la cama. Se cierra el telón. Se vuelve a abrir y el pelo sigue en la cama. ¿Cómo se llama la película? "El vello durmiente"».

«Se abre el telón y aparecen tres burros. ¿Cómo se llama la película? "Tri-burrón"».

Ahora crea tus propios chistes

Coge papel y boli para empezar a garabatear opciones:

1. Comienza por el principio: escoge dos elementos.
2. Decide cuál es la conexión entre ambos.
3. Invéntate un final.

Busca inspiración. No se trata de copiar, sino de encontrar ideas. «¿Qué tienen en común los cocodrilos y la lana? Que se encuentran en la fábrica de Lacoste».

Busca información sobre los elementos que tienes en mente y encuentra las conexiones obvias y las no tan obvias.

También puedes empezar por el final. Quizá tengas claro un juego de palabras, una película o una combinación graciosa. Comienza a crear tu chiste desde el final hasta el principio.

Aventúrate. Pon esos jugos creativos a tu disposición para usarlos en tu vida diaria.

Crea una historia

Busca imágenes al azar en internet, en una revista o en tu teléfono móvil. Puedes cogerlas de varias noticias y pegarlas en un documento. Elige seis imágenes y obsérvalas.

Piensa cómo puedes escribir una historia que incluya los elementos de las imágenes. A continuación, conéctalas en un relato. No necesitas ser escritor para ello. Al fin y al cabo, es una forma de volcar sobre una página varias conexiones entre ideas. Deja volar tu imaginación.

El ingrediente secreto: intereses multidisciplinares

«Hay que especializarse en algo». Oigo esta frase cada semana. La sociedad busca especialistas en un campo concreto. Alguien a quien acudir que entienda sobre un tema en profundidad.

¿Qué pasa si tienes distintos intereses? No es lo mismo un químico que ha pasado veinte mil horas aprendiendo sobre química que un físico-químico que ha tenido que repartir esas horas entre ambas disciplinas.

La atención y el esfuerzo no son ilimitados, pero el físico-químico tiene una ventaja frente al químico: posee suficientes conocimientos sobre dos intereses, por lo que puede establecer conexiones entre sus dos formaciones.

Bowerman no necesitaba aprender a cocinar para hacer una conexión con la gofrera. Sin embargo, tener varios intereses es una postura estigmatizada en la actualidad. La frase

«Aprendiz de todo, maestro de nada» es un ejemplo cultural de este pensamiento tan anticuado.

Quiero romper una lanza en favor de las pasiones multidisciplinares, ya que permiten una polinización cruzada de conocimientos que van más allá del campo de estudio y que disponen de un solar de creatividad para florecer.

Tener un abanico de intereses, pasiones y conocimientos expande la posibilidad de crear conexiones. Cruzar fronteras con la creatividad amplía la visión de los conocimientos. Debemos dejar de ver a las disciplinas como bloques sólidos e inamovibles, pues la innovación surge gracias al cruce entre distintos campos.

¿Tienes diferentes intereses? ¿Cómo puede ayudarte el conocimiento multidisciplinar?

El cerebro creativo

¿Qué hace el cerebro cuando somos creativos? Keith Sawyer, experto en creatividad, dice que «la creatividad no está localizada en una única parte del cerebro. De hecho, emerge de una compleja red de neuronas conectadas por todo el cerebro».[13]

Colin Martindale, investigador del Biological Bases of Creativity, afirma que la inspiración creativa relacionada con los momentos «Eureka» surge cuando mantenemos un estado mental en el que permanecemos descentrados. Se trata de un pensamiento asociativo que empleamos para percibir y establecer conexiones.

Si la mente funciona a mil por hora y se pasa el día zapeando de un pensamiento a otro, nunca podremos descentrarnos. El modo supervivencia hace que desaparezcan los momentos de pensamiento asociativo. Las conexiones creativas se generan en esos instantes.

Según Andreas Fink,[14] neurobiólogo, se ha determinado que la diferencia entre las personas muy creativas y las que no lo son se localiza en el lóbulo frontal. Una activación cortical menor permite que los pensamientos sean más promiscuos y puedan acercarse entre ellos, aunque estén muy alejados. Además, se ha encontrado más actividad de ondas alfa en los cerebros creativos.

La mente creativa es caótica por naturaleza. Viaja de un lugar a otro mientras produce ideas locas, divertidas, ridículas, originales y, muchas veces, absurdas.

En las PAS, es muy común que las ideas se encadenen a la velocidad de la luz; se debe al cúmulo de información que tenemos que procesar. Estamos hablando de un tema y, de golpe y porrazo, aparece otro pensamiento de forma inesperada. Siempre saltamos de una idea a otra, como si estuviéramos cambiando de canal.

La calma trae paz a la mente, reduce la velocidad y ofrece espacio para las asociaciones.

ENTRENA TU SIRI CREATIVO

Siri es el asistente virtual de los productos de Apple. «Siri, ¿qué tiempo hará mañana? Siri, ¿qué hora es? Siri, ¿qué es la creatividad?»... Siempre tiene respuestas para todo.

La aplicación utiliza un sistema de procesamiento del

lenguaje natural que le permite contestar preguntas. Para ello, accede a la información de internet y busca las respuestas. Todos tenemos una Siri interior. Si pensamos en la palabra «playa», podemos imaginar agua y arena; visualizamos una orilla bañada por el mar o el océano. En cambio, Siri no piensa de forma creativa: busca qué es una playa en sus archivos y te la muestra.

Toda la información guardada en el cerebro se clasifica por categorías. Cuando aparece la palabra «playa», buscamos por la P y sacamos de nuestro archivador una imagen paradisíaca. Es un buscador indexado por conceptos y palabras.

Cuando una mente creativa piensa en una playa, no busca por la P en un archivo de respuesta única; sino que la información viene en tropel. Surgen ramificaciones de distinta información, pero todas tienen la playa como origen. El pensamiento es espontáneo e inesperado, por lo que pueden surgir ideas sorprendentes por asociación y conexión.

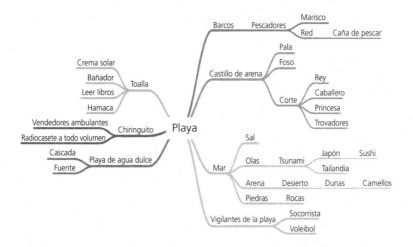

Si decidiéramos ir de vacaciones a la playa, es probable que la mente creativa, la que lanza toda una serie de imágenes, ideas relacionadas y múltiples conexiones, pensase en más opciones y propuestas gracias a una asociación de conceptos menos rígida. Por ejemplo, hay una playa en el río Sena, en París; aunque lo común es buscar playas de agua salada, también las hay de agua dulce. Las opciones son ilimitadas.

El psicólogo J. P. Guilford creó las etiquetas de pensamiento divergente y pensamiento convergente. Sugiere que, para potenciar la producción creativa, hay que separar de manera consciente estas dos formas de pensar.[15]

Pensamiento divergente

El pensamiento divergente es un proceso que genera múltiples respuestas para una única pregunta o para un solo concepto. Se basa en expandir la visión, generar opciones ilimitadas, hacer conexiones y combinar ideas. Esta forma de pensamiento funciona mejor en un estado de atención flotante.[16]

En la vida diaria, el pensamiento divergente se manifiesta, por ejemplo, cuando abrimos el armario y analizamos las diferentes combinaciones de ropa que nos podemos poner: «Estos pantalones beis pueden ir con una camiseta blanca o con la camisa marrón. O quizá podría ponerme los pantalones negros y la camisa blanca». Todas las opciones están abiertas, y las combinaciones son infinitas. Si además sumamos los zapatos y los accesorios, tenemos opciones para rato.

Pensamiento convergente

El pensamiento convergente es un proceso que genera una única respuesta para una pregunta o para un concepto. En este caso, no hay margen para la ambigüedad, es decir, solo hay una respuesta correcta.

Está relacionado con aceptar y descartar ideas alejadas del objetivo para centrarse en las opciones que más se ajustan a él. A la hora de utilizar el pensamiento convergente, lo idóneo sería que no nos deshiciéramos de las opciones novedosas que genere el divergente.

Este tipo de pensamiento se manifiesta cuando escoges el pantalón negro y la camisa blanca, pero añades un elemento sorprendente. Te desabrochas la camisa y decides ponerte una camiseta negra debajo. *Voilà!* Un ejemplo de la combinación de conceptos del divergente y el cribado de ideas del convergente. La suma da un resultado original que te ayuda a decidir cómo vestirte.

¿Qué pasaría si se hiciera al revés?

Si no somos conscientes de las dos fases del pensamiento creativo, tendemos a mezclarlas y, como consecuencia, delimitamos las opciones. Seguro que alguna vez te has encontrado en una conversación como esta para decidir a qué restaurante ir:

—Manu, ¿dónde vamos a comer?

—¿Qué tal un japonés?

—Ay, no, japonés no. No me apetece *sushi*.

—Bueno, tienen otras cosas. ¿Y un italiano?

El amigo que ha descartado ir a un japonés porque no le apetece *sushi* mantiene un pensamiento convergente. Ni siquiera ha considerado la posibilidad de que algunos restaurantes japoneses no tengan *sushi* en el menú. Manu lanza ideas, es decir, utiliza el pensamiento divergente. Si se pasa un rato proponiendo opciones, terminará frustrado porque sentirá que su amigo está cortando las alas de su creatividad. Antes de decidir dónde vamos a ir a comer, sería más productivo y divertido poner varias opciones sobre la mesa. De ese modo, podremos hacer una criba.

En muchas ocasiones, el proceso creativo se ve truncado porque pensamos que decidir es como una lluvia de ideas, pero no es así. Nos ocurre en varias situaciones: qué actividad escojo, adónde ir de vacaciones, qué restaurante elijo, qué ropa me pongo, qué como hoy, qué nombre pondremos a los niños, etc.

Mejorar la calidad de la experiencia diaria

En la serie *Cobra Kai*, una continuación de la mítica película *The Karate Kid* de los años ochenta, el senséi Daniel LaRusso enseña los movimientos de kárate a sus alumnos mediante la técnica de encerar el suelo de madera del *dojo*. Dar cera y pulir cera son dos movimientos de kárate que se aprenden al encerar el suelo.

Durante el proceso, los discípulos aprenden a centrar su atención en el movimiento. Con una mano, deben poner la cera en la madera con un paño; con la otra, pulir hasta que el suelo quede bien encerado. Esta es la iniciación para aprender uno de los movimientos de kárate. Los discípulos se quejan, ya que no entienden por qué deben encerar el suelo.

Este proceso forma parte del entrenamiento. Consiste en focalizar la atención en la tarea y en aprender los movimientos de esa rutina diaria para que luego puedan aplicarlos al kárate.

Nos perdemos el disfrute del proceso por pensar en el resultado final: tener un suelo bien encerado. Nos pasa lo mismo cuando nos cepillamos los dientes. La única satisfacción *a priori* es tenerlos limpios, sentir el frescor del aliento cuando terminamos.

Si mejoramos la calidad de la experiencia de las actividades que realizamos a diario, subimos el nivel de disfrute y atención. Además, podemos aprovechar la oportunidad que nos ofrece cualquier tarea para fluir y pensar de forma creativa.

¿Cómo puedo deleitarme cuando me cepillo los dientes? Esa es la gran pregunta.

Para seguir disfrutando de una tarea que forma parte de nuestra rutina, necesitamos aumentar su nivel de complejidad. Podemos añadir al cepillado de dientes una tarea que requiera prestar atención durante el proceso o un pensamiento. Podríamos lavárnoslos haciendo el pino, por ejemplo. La complejidad es un aliciente que nos permite cambiar de perspectiva. Seguimos aprendiendo y gozando de ese momento, pero con una nueva visión.

El proceso creativo: *FLOW*

No importa si utilizas la creatividad para cocinar, pintar un cuadro o escoger la ropa que te pondrás por la mañana. Siempre hay un elemento común: el proceso creativo.

Para entrar en él, primero hay que conseguir un estado de *flow*. Csíkszentmihályi es conocido por el concepto de *flow*.[17] Se trata de un estado mental que conduce a la productividad, la creatividad y la felicidad.

¿Listo para un poco de *flow*?

El *flow* que define este profesor es «un estado donde las personas están tan involucradas en la tarea que parece que no les importe nada más. La experiencia es tan placentera que continúan con su cometido aunque esto implique un gran coste, simplemente por el mero hecho de hacerlo».

¿Alguna vez has sentido *flow*? Cuando creamos, ideamos o llevamos esa construcción mental a la realidad, entramos en este estado. El proceso nos engulle y estamos completamente inmersos en esa tarea.

El estado de *flow* tiene las siguientes características:

1. Concentración completa en una tarea.
2. Claridad en los objetivos y tener la recompensa en mente.
3. Valoración de la experiencia. El proceso es compensatorio en sí mismo.
4. Realización sin esfuerzo y con fluidez.
5. Equilibrio entre el reto y la habilidad.
6. Las acciones y la consciencia van de la mano. Se pierde la mente rumiante, la que da vueltas a las cosas.
7. Sensación de control sobre la tarea.

Quizá el proceso creativo no sea un camino de rosas, no siempre será fácil. Cada uno tiene una experiencia de *flow* distinta. Ullén descubrió en su estudio que ciertas personalidades mantenían una relación positiva con el *flow*.[18] La ansiedad y la autocrítica son condiciones que pueden alterarlo. En cambio, quienes invierten tiempo en dominar tareas complejas tienden a entrar en *flow* con mayor facilidad.

EL CEREBRO EN *FLOW*

Según Arne Dietrich, el estado de *flow* se asocia con una baja regulación de la zona del córtex prefrontal, el área encargada de la memoria de trabajo y de la conciencia autorreflexiva. Con esta reducción de volumen en la zona, se dispara la pérdida de la noción del tiempo, el crítico interno y la conciencia de uno mismo. Se ha considerado también que el estado de *flow* puede estar relacionado con el circuito de recompensa de la dopamina.[19]

No sería descabellado pensar que las PAS tenemos un cableado neurológico favorable para el estado de *flow*, siempre y cuando consigamos mantener a raya al crítico interno, gestionar las emociones y alejarnos de la ansiedad.

Las distracciones, tan comunes en la era digital, rompen este estado de *flow*.[20] Si quieres entrar en el proceso creativo, aléjate de las distracciones: guarda el teléfono en un cajón, apaga el rúter y cuelga en la puerta un cartelito de NO MOLESTAR.

También es importante establecer un equilibrio entre las habilidades y el reto que nos imponemos. Si carecemos de las destrezas necesarias para afrontarlo, podemos caer en la ansiedad y la frustración. Si, por el contrario, nuestras habilidades son muy superiores, nos aburriremos y la distracción llamará a la puerta.

EL PROCESO CREATIVO

El proceso creativo tiene distintas fases diferenciadas. Hay todo un camino que va desde que una idea se enciende en tu cabeza hasta que se convierte en realidad. Entender en qué paso del camino estás te ayudará a orientarte:

1. **Investigación, preparación e inmersión:** proceso capitaneado por la curiosidad. Buscas las piezas del puzle.
2. **Incubación:** tienes las piezas de varios puzles desordenadas. Las ideas se agitan, como dentro de una coctelera. Hay pensamientos contradictorios, dispares... Un poco de todo.
3. **Intuición:** la sabiduría interna te dice cómo empezar. Coges una pieza y, a partir de ella, tiras del hilo; poco a poco, las demás empiezan a encajar. Sigue la vocecita de la intuición. Aunque tengas dudas, verás el camino cuando comiences a andar.
4. **Evaluación:** vas visualizando el proceso. Conoces las piezas del puzle, aunque algunas aún son comodines que se mantienen a la espera para saber dónde encajan o si lo harán. La idea que al principio solo era polvo mágico se ha convertido en realidad. Tienes un plan.
5. **Manos a la obra:** aunque quedan algunas incógnitas, dispones de todas las piezas; por lo tanto, es la hora de pasar a la acción.

Cada uno tiene su propio proceso creativo. Aprender acerca del tuyo —que es personal e intransferible— te ayudará a identificar en qué punto estás. Si fueras a planificar unas vacaciones, ¿cómo lo harías? ¿Eres de los que primero miran todos los destinos? ¿Empiezas por calcular el presupuesto para saber cuál puedes permitirte? ¿Sabes qué estilo de vacaciones quieres? ¿Prefieres relax, aventura o cultura?

Existen muchísimas formas de crear, pensar y actuar. Determinar la tuya es la clave para conocer tu proceso creativo.

CONVERTIR PROBLEMAS EN PREGUNTAS

¿Por qué el mar es azul? ¿De dónde vienen los niños? ¿Por qué llueve? ¿Por qué debo ir al colegio? ¿Cuánta sal hay en el océano?

Los niños preguntan porque no dan nada por sentado. La realidad les sorprende. Recogen la experiencia y la analizan de principio a fin hasta que le encuentran una lógica. Si no saben algo, preguntan.

Los adultos pensamos que conocemos todas las respuestas, por lo que dejamos de plantearnos preguntas. Debido a todo ese supuesto conocimiento que creemos tener, perdemos la curiosidad.

El cuadro *Mona Lisa* o *La Gioconda*, de Leonardo da Vinci, es uno de los más conocidos del mundo; sin embargo, no lo es solo por la pintura en sí, sino también por un hecho curioso: la mujer retratada te sigue con la mirada. De hecho, el cuadro ha dado pie a lo que la ciencia ha denominado «El efecto Mona Lisa», relacionado con la sensación de que los ojos de una persona retratada siguen al espectador cuando este se mueve delante del cuadro.

No importa si es cierto o no que Mona Lisa nos siga con

la mirada, pues solo hace falta creerlo para que nos pique la curiosidad y queramos comprobarlo. Si te acercas al Museo del Louvre de París verás a hombres y mujeres moviéndose por la sala para comprobar si, en efecto, Mona Lisa les sigue con la mirada.

La curiosidad ha hecho famoso este cuadro, pero al mismo tiempo solo pone el foco en la mirada, tan conocida, y se olvida de todo lo demás.

¿Sabías que Mona Lisa no tiene cejas?

No solo no tiene cejas; pestañas tampoco. Sin embargo, la gran curiosidad que despierta su mirada se lleva toda la atención. Para que no te quedes con la incógnita, antes de que abras el buscador te diré que, en la época de Da Vinci, afeitarse las cejas era señal de belleza.

Te invito a que te plantees más preguntas sobre Mona Lisa para averiguar las respuestas. Considéralo un ejercicio de curiosidad. Descubrirás más sobre la pintura y entrenarás tus dotes detectivescas para encontrar detalles que no aparezcan a simple vista. También aprenderás a focalizar la atención en el contexto y en otros elementos.

Aquí tienes algunas preguntas que te pueden servir como base:

- ¿Quién es la mujer del cuadro *Mona Lisa*?
- ¿Qué hace que su sonrisa sea tan enigmática?
- ¿Cuál es la historia del cuadro?
- ¿Es cierto que la mujer sigue al espectador con la mirada? Si es así, ¿esto sucede en otros cuadros?
- ¿Qué te parece esta pintura?

Mediante una reflexión profunda, despertarás nuevas preguntas sobre el cuadro. La curiosidad es adictiva y nos impulsa a conocer, explorar y salir de la zona de confort.

ABÚRRETE UN RATO

El aburrimiento tiene muy mala fama social. Lo asociamos a la pereza o a ser ociosos. No hacer nada está mal visto porque creemos que somos improductivos. Si no hacemos nada, no somos nada.

El *dolce far niente* italiano es el placer de no hacer nada. En mi opinión, es totalmente necesario. Aburrirnos es una necesidad vital que permite que fluyan ideas y locuras que, debido al pensamiento funcional que predomina en nuestro día, no pueden salir a la luz.

En el aburrimiento, el cerebro encuentra un espacio donde no tiene que hacer nada, así que nos lanza ideas y pensamientos que se quedan rondando por la cabeza. No podemos estar constantemente enchufados a una vorágine productiva.

El aburrimiento nos lanza a la imaginación, pensar de forma distinta, divagar e ir a la deriva sin un objetivo concreto.

Julia Cameron, autora de *El camino del artista*,[21] recomienda reservar quince minutos al día para no hacer nada. Siéntate con la nada y observa a dónde te lleva. Debo advertirte que la primera vez te parecerá una de las cosas más difíciles que hayas probado, ya que querrás hacer algo productivo con ese tiempo. Siéntate con tus ideas sin esperar nada a cambio. Procésalas y piérdete en ellas. Quizá alguna brote y crezca. Tal vez solo necesitaba un poco de nada para germinar.

A FAVOR DE PROCRASTINAR

Procrastinar también tiene muy mala fama. Nadie defiende la premisa: «Deja para mañana lo que puedas hacer hoy». Para romper una lanza a favor de la procrastinación, diré que, aunque se considere una estudiada despreocupación, es necesaria para la creatividad.

La procrastinación deja un espacio para pensar y desarrollar ideas que nunca podrían emerger si las materializáramos deprisa y corriendo. A veces, la creatividad necesita un tiempo para refinar, matizar y concretar las ideas. Ese espacio proviene de la procrastinación.

Es como el botón de pausa, el *stop* para que todo se asiente y podamos continuar con la labor creativa con un rumbo más definido. Cuando la pereza se une a la procrastinación, revela nuestras auténticas motivaciones y los obstáculos que se presentan. De este modo ofrece una oportunidad para afrontarlos.

Ese futbolista que se ha lesionado, pero sigue jugando para no perderse el partido; a pesar del dolor, quiere vencer la pereza y la procrastinación a costa de su salud. Hagamos las paces con la pereza y la procrastinación, ya que son elementos necesarios en el proceso creativo y en el arte de vivir.

El aburrimiento o la dificultad de una tarea nos lanza a la procrastinación. El *break* que te proporciona procrastinar, dentro de unos límites éticos, libera tu mente por un tiempo del estorbo para que puedas retomar tus tareas con fuerza y energías renovadas si debes seguir por ese camino; de lo contrario, te proporcionará la información necesaria para cambiar de rumbo.

WABI-SABI: LA IMPERFECCIÓN ES BELLA

Quizá hayas oído hablar del *Wabi-Sabi*. Es un término japonés que se basa en la belleza de la imperfección, no solo en la estética del objeto. Hay quienes consideran el *Wabi-Sabi* como un estilo de decoración con muebles rústicos o estética natural. El concepto va más allá del mobiliario, pues también se encuentra en objetos cotidianos y elementos arquitectónicos.

Socialmente, la estética y la belleza están ligadas a la perfección. En cambio, el *Wabi-Sabi* aprecia la belleza de la imperfección pasajera e incompleta de la naturaleza. Es el antídoto para la belleza pulida y la perfección edulcorada.

Según Leonard Koren,[22] autor del libro *Wabi-Sabi para artistas, diseñadores, poetas y filósofos*, se refiere a la belleza «imperfecta, impermanente e incompleta». Estas son algunas de las características de su estética: asimetría, aspereza, sencillez, ingenuidad, modestia e intimidad.

Desde este punto de vista, podemos apreciar las grietas en la madera, las manchas en la ropa y los rasguños en la piel. Sonreímos cuando vemos unos calcetines sucios en el suelo, la tapa del váter levantada o migas de pan sobre la mesa.

Encontrar la belleza en lo imperfecto entrena el ojo para que aprecie las pequeñas cosas y para que los detalles que a simple vista nos molestaban o entorpecían el disfrute se conviertan en una nueva fuente de juegos, admiración y contemplación.

Las ideas surgen de lo mundano y de la rutina. Aparecen al observar y valorar surcos, grietas, manchas, jirones o defectos. Esto no solo se aplica a los objetos, sino también a las personas.

¿Qué sería de la persona que quieres sin sus imperfecciones? La belleza está justo en ellas. La imperfección te hace único.

EXTRAORDINARIO EN LO ORDINARIO

Nuestro modo de mirar cambia la percepción que tenemos del mundo que nos rodea. En lo ordinario se halla lo extraordinario. La atención que prestamos a los detalles cotidianos e ir cada día al acecho de lo extraordinario manifiesta la belleza intrínseca que buscamos en la perfección.

Las musas no aparecen sin esfuerzo, y no hay milagros que caigan del cielo. Hay que prestar atención, buscar la inspiración y observar la belleza imperfecta de la rutina diaria.

La vida es imperfecta, asimétrica, áspera, sencilla, modesta e íntima. Si observamos y apreciamos la imperfección, seremos capaces de ver más allá de lo obvio.

La contemplación de lo ordinario es una fuente creativa que nos permite construir a partir de la inspiración de la naturaleza. No se trata de observar arboledas, el mar o la vegetación; lo natural vive en una taza de té con una grieta en el borde, en el sofá que tiene esa mancha de café que te trae recuerdos, en los imperfectos adoquines de la calle y en la sonrisa de medio lado del quiosquero por las mañanas.

Admira la imperfección cotidiana, pues ahí encontrarás inspiración y belleza.

EL COMITÉ DEL SUEÑO

«Consultar con la almohada» es una expresión popular que sugiere que, durante el sueño, encontramos respuesta a cuestiones que nos preocupan. Tener fe en el inconsciente es irse a dormir y pensar que la respuesta estará ahí cuando despertemos.

Creo fervientemente que, aunque no nos demos cuenta, el inconsciente trabaja en los bajos fondos del cerebro y busca soluciones de las que no somos conscientes.

Sin ir más lejos, me ocurrió durante el proceso de escritura de este libro. Estaba en un momento de bloqueo creativo porque no sabía de qué manera contar cómo se cambia el pensamiento.

En aquel periodo había empezado a leer un libro para inspirarme y recabar información, esperando una iluminación divina. Al final, me quedé dormida encima de una página. Diez minutos más tarde, abrí un ojo y ya tenía la respuesta a mi bloqueo creativo. Sabía qué quería escribir y cómo hacerlo.

Una técnica muy utilizada para acceder al inconsciente, que tiene respuestas distintas y no siempre visibles, consiste en hacerte una pregunta antes de irte a dormir con el fin de que, tras un sueño reparador, te despiertes con la respuesta.

¿Tienes un bloqueo? ¿Un problema? Vete a dormir con la pregunta y mañana me cuentas la respuesta.

¿Soy creativo?

A estas alturas te estarás preguntando si eres creativo. Quizá lleves mucho tiempo utilizando más la parte lineal de tu cerebro, la racional y lógica, la que se rige por normas estrictas, la que prefiere la dualidad y las soluciones únicas.

En algún momento de la vida, todas las PAS tendemos a huir de la creatividad. Las opiniones sobre el proceso creativo son subjetivas. En general, no hay normas claras ni un camino establecido; sin embargo, aparece la frustración. Tenemos que enfrentarnos al crítico interno, esa vocecita que nos ayuda a mejorar y a cambiar de ruta cuando nos perdemos. No obstante, si esta se descontrola, puede lanzarnos al abandono y la apatía, y provocar que huyamos de la jungla de la creatividad.

La diferencia entre un creativo y alguien que sueña con serlo es obtener como resultado una idea hecha realidad. Ya sea la reforma de la cocina que llevas postergando un tiempo o esa receta guardada que te apetece preparar aunque te falte un ingrediente, la idea te está esperando. Déjala salir para que se haga realidad.

Soñar forma parte del proceso creativo. Antes de que Chupa Chups existiera en el mundo material, ya estaba en las ideas de Enric Bernat.

Las zapatillas de deporte Nike con suela de gofre no existían hasta que la mujer de Bill Bowerman decidió preparar ese desayuno. La suela empezó a crearse e idearse en la mente de Bill. Gracias a sus manos, poco a poco hizo salir la idea de la cabeza y construyó un prototipo, es decir, la materializó en el mundo real.

Si Bill y Enric no hubieran puesto en práctica sus ideas o no se hubiesen atrevido a trasladarlas a la realidad, solo serían personas con grandes ideas y sueños, nada más.

A veces, una pequeña idea puede cambiar tu día, pero una grande puede transformar el mundo. ¿Qué idea tienes? ¿Cuál es tu sueño?

Los humanos somos creativos por naturaleza. Tú decides si quieres utilizar la creatividad para vivir de una forma más divertida, soñadora y plena para alcanzar el bienestar. Antes de despertarte ya eres creativo, pues el cerebro ha estado agitando los recuerdos como cubitos de hielo en una coctelera.

Gracias a la práctica de tus hábitos creativos y a las técnicas que te enseñan a dar la vuelta a las situaciones cambiando de perspectiva, podrás crear conexiones nuevas. A tu cerebro le encanta jugar: solo tienes que abrir las puertas del patio de recreo y tus ideas te sorprenderán. Saldrá de ti una versión soñadora, risueña, divertida y ocurrente, capaz de ver la vida como un regalo. Vivirás el presente con el entusiasmo y la curiosidad de un niño.

La creatividad no solo existe en tu cabeza; se reparte por todo tu cuerpo. Está en tus oídos con la música que escuchas y las conversaciones que oyes. Tus ojos observan colores, formas y personas. Tus manos tocan texturas, acarician la piel, notan cada arruga y contactan con cada recoveco. Tu creatividad se manifiesta al oler las fresas en la frutería o el estofado del vecino que entra por la ventana de la cocina. Coge todos estos estímulos y conéctalos. Enlaza conceptos, haz que uno te lleve a otro, deja que el tsunami de ideas te persiga allá donde vayas, que tu cuerpo piense y fluya como un alud de historias e ideas que luchan por convertirse en realidad.

¿Por dónde empezarás? ¿Qué idea tienes en la cabeza? ¿Qué necesitas para materializarla? ¿Con qué hábitos creativos harás posible ese proceso?

9

PAS extrovertidas: ¿es posible?

En ocasiones, las PAS extrovertidas no se reconocen dentro de este rasgo por la conexión errónea entre la sensibilidad y la timidez o la introversión.

La introversión y la extroversión son dos respuestas a esta pregunta: «¿De dónde tomo mi energía?». Si eres introvertido, la recarga de energía proviene de tu interior; de la introspección, la reflexión interna, la necesidad de estar a solas para salir a relacionarte con los demás.

En cambio, si eres extrovertido, tu recarga de energía proviene del mundo exterior, del bullicio, de la necesidad de estar con gente diferente y realizar diversas actividades.

Los extrovertidos representamos la minoría dentro de la minoría. Al estar familiarizado con la alta sensibilidad, es posible que una PAS extrovertida no se reconozca dentro del rasgo.

Debemos conocer el mecanismo de observación que utilizamos las PAS ante un nuevo contexto. Como debemos procesar toda la información, puede parecer que nos sentimos petrificados ante imprevistos o situaciones que se alejan de lo habitual.

Este mecanismo de observación se conoce como «inhibición conductual». Es el que nos dice: «Párate y comprueba». Cuando nos encontramos ante situaciones novedosas, calibramos nuestras posibilidades; una vez tenemos la información organizada y definida, actuamos.

Las PAS contamos con un Sistema de Inhibición Conductual (SIC) mucho más activo que el de las personas que no son altamente sensibles. Está situado en el hemisferio derecho en el córtex prefrontal, la parte del cerebro encargada del procesamiento de la información.

Sabiendo que poseemos un procesamiento profundo de los datos, tenemos mucho que procesar cuando nos enfrentamos a una situación novedosa; por lo tanto, tardamos más en organizarla y archivarla. Como consecuencia, reaccionamos al cambio con mayor lentitud, ya que el espacio para detenernos y observar requiere más tiempo.

Para entender las diferencias entre una PAS introvertida y una extrovertida, debemos saber que entra en juego otro actor: el Sistema de Activación Conductual (SAC).

La activación conductual nos empuja a explorar y descubrir nuevos entornos, amistades y situaciones. Es la motivación para salir de la zona de confort y entrar en la novedad, la investigación y la exploración.

Si una PAS tiene una alta activación en el SAC y en el SIC, es extrovertida. En principio, parecen dos características contradictorias: ¿cómo puedes pararte a observar y procesar la información ante una situación nueva y, a la vez, querer lanzarte a probarla?

Este es uno de los retos de las PAS extrovertidas: equilibrar la novedad y la estimulación necesaria con los periodos de inactividad para el descanso y el procesamiento de la información.

Aunque exista la necesidad y la voluntad de exponerse a estas situaciones, tarde o temprano saturan a las PAS extrovertidas. El rango óptimo de excitación es más pequeño en las extrovertidas, por lo que es difícil saber cuánto será suficiente. El reto, sin lugar a duda, es la gestión de la sobreestimulación.

Estas son algunas de las características diferenciales de las PAS extrovertidas:

- Necesitan actividad física y movimiento constante, aunque no sean conscientes de ello. El movimiento cubre parte de la excitación de su sistema conductual.
- Son muy curiosas: preguntan, investigan, recaban información...
- Su agenda está llena de tareas y actividades. A veces, sobrepasan sus opciones reales de tiempo y gestión.
- Están sobreestimuladas y solas. ¿Cuántas veces han querido estar solas y a la vez tener a alguien con quien hablar?
- Se preguntan si son introvertidas o extrovertidas. Les encanta estar con gente, pero también quieren tiempo para estar a solas. A veces, necesitan aislamiento. Quizá son muy extrovertidas en unas situaciones, pero en otras pasan vergüenza o miedo.
- Les encanta trabajar en equipo y colaborar con los demás.
- Tienden a mantener grandes amistades y grupos reducidos de amigos. Son pocos, pero de los buenos.

- Si pasan demasiado tiempo en su mundo interno, se cansan y desconectan. Necesitan relacionarse para recuperar la energía.
- Disfrutan de su propia compañía. Experiencias como dar una vuelta, observar y explorar calles o tiendas. Ir de compras solas, por ejemplo, es toda una aventura.
- Cuando llegan a un sitio nuevo, se sienten como si la batería empezase a cargarse. Notan todas las sutilezas del entorno. Cuando entra la nueva información, desean explorar.
- Pasan de ser un animal social a estar completamente desgastadas: sin darse cuenta, en los eventos sociales van de conversación en conversación; entonces, su sistema no puede procesar toda la información nueva. La extroversión confunde a su sistema nervioso, que procesa más que una PAS menos extrovertida, y llega el punto de no retorno: la saturación. Empiezan a sentirse cansadas, irritadas y sin fuerzas.
- En los grupos sociales son capaces de captar los estados de ánimo y lo que no se ha dicho. Aun así, se nota en el ambiente. Son la alegría de la huerta: no necesitan ser el centro de atención, pero conectan de forma genuina con las personas.
- Debido a los niveles de energía fluctuantes y a la extroversión, lo que hoy parece un buen plan, mañana puede convertirse en una pesadilla. Las PAS se arrepienten de haber dicho que no o que sí. Es difícil predecir si la semana que viene estarán muy saturadas para hacer planes.

Buscadores de Sensaciones BS - High Sensation Seeker (HSS)

Las PAS extrovertidas son una excepción. Normalmente, se habla de las introvertidas (70 por ciento), que representan la mayoría, pero en relación con el pequeño grupo de extrovertidas (30 por ciento) hay que considerar algunas diferencias notables acerca de cómo se manifiesta el rasgo.

Las PAS extrovertidas suelen ser lo que se llama «buscadores de sensaciones». Es un término acuñado por Marvin Zuckerman[1] que se basa en la necesidad de obtener nuevos estímulos. El buscador de sensaciones intenta vivir nuevas y complejas experiencias que le proporcionen sensaciones intensas. Quiere correr riesgos físicos, sociales, legales o financieros para experimentar qué es.

Para determinar el rasgo, Zuckerman ideó un test individual con cuatro aspectos:

- **Emoción y aventura** (*Thrill and Adventure Seeking*, TAS): aceptar o subestimar el riesgo para conseguir una experiencia o sensación.
- **Búsqueda de experiencias** (*Experience Seeking*, ES): tener una gran curiosidad. Buscar sensaciones nuevas y poseer un pensamiento divergente como base de la creatividad.
- **Desinhibición** (*Disinhibition*, DIS): voluntad de alejarse de las normas sociales. La desinhibición puede ser un gran activador de la investigación. En el peor de los casos, puede llevar al consumo de drogas o a correr grandes riesgos.

- **Susceptibilidad al aburrimiento** (*Boredom Susceptibility*): es el peor enemigo de los buscadores de sensaciones. No hay nada peor que un nivel de estímulos bajo. Es como si las paredes te devorasen lentamente, bocado a bocado.

¿Eres un buscador de sensaciones?

Para saberlo, lee las siguientes afirmaciones y anota junto a cada una si encajan contigo:

1. Si fuera seguro, me gustaría tomar drogas que me proporcionaran nuevas experiencias.
2. Puedo aburrirme soberanamente en algunas conversaciones.
3. Prefiero ir a un lugar nuevo, aunque no me guste, que volver al que conozco y me gusta.
4. Quiero probar un deporte que me genere subidón, como esquiar, escalar o surfear.
5. Me pongo nervioso si estoy en casa mucho tiempo.
6. No me gusta esperar sin hacer nada.
7. No suelo ver una película más de una vez.
8. Disfruto con lo que no conozco.
9. Si veo algo inusual, haré lo que esté en mi mano para saber más sobre ello.
10. Me aburro si cada día paso el tiempo con las mismas personas.
11. Mis amigos dicen que es difícil predecir qué querré hacer.

12. Me gusta explorar lugares nuevos.
13. Evito la rutina.
14. Me atrae la expresión artística que me produce una experiencia intensa.
15. Me gustan las sustancias que me dan un subidón (azúcar, café, tabaco...).
16. Prefiero a los amigos impredecibles.
17. Me encanta estar en un lugar nuevo para mí.
18. Si invierto en viajar, cuanto más extraño sea el país al que vaya, mejor.
19. Me gustaría ser un explorador.
20. Disfruto cuando alguien hace bromas inesperadas o comentarios sexuales que provocan en los demás risas nerviosas.

Tu puntuación:

- **Para mujeres.** Si estás de acuerdo con once o más frases, probablemente seas una BS. Si encajan contigo siete o menos, quizá no lo seas. Si tu puntuación está entre ocho y diez, es posible que estés en un rango medio de BS.
- **Para hombres.** Si estás de acuerdo con trece o más frases, probablemente seas un BS. Si encajan contigo nueve o menos, quizá no lo seas. Si tu puntuación está entre diez y doce, es posible que estés en un rango medio de BS.

Tipos de buscadores

La dificultad para los BS es mantener ese fino equilibrio entre la vida interior, que aporta calma para recargar las baterías, y la vida social, que consiste en salir de la zona de confort para probar nuevas experiencias.

Zuckerman propone dos tipos de BS:

Impulsivos y asociales. Para ellos, la búsqueda de sensaciones no parece estar regulada por la cautela, así que son más propensos al riesgo. Los investigadores sugieren que tienden al aburrimiento, tienen menos habilidades para planear, y son más hostiles e iracundos. Pueden ser poco convencionales y les cuesta conformarse. La impulsividad puede llevarlos a situaciones peligrosas. Si esta necesidad de subidón está mal canalizada, puede desembocar en peleas, drogas y comportamientos peligrosos. La sensibilidad equilibra esta tendencia con el pensamiento de parar y observar la situación antes de actuar.

No impulsivos y sociales. El rasgo tiene un componente de curiosidad que lleva a nuevas oportunidades y posibilidades de crecimiento. Aunque la impulsividad es inherente en los BS, la clave está en determinar cuántas planificaciones y evaluaciones de riesgos se realizan. La parte social del rasgo implica respeto y empatía hacia los demás. Se caracterizan por falta de conformidad. Además, cuestionan las convenciones sociales y los tabúes. Se hacen preguntas profundas y filosóficas sobre lo establecido y sobre lo que está culturalmente aceptado.

Fascinaciones

Los buscadores de sensaciones se sienten atraídos por las fascinaciones. Cuando se interesan por un tema, invierten el tiempo en explorar todos los detalles hasta agotar su curiosidad. En cuanto lo hacen, desaparece el interés y pasan a otro tema. Perdura hasta el agotamiento, con una concentración tan intensa que les permite tener una vida interna y satisfacer su incesante necesidad de novedades.

Cuando descubrí el término «fascinaciones»,[2] me sentí aliviada. Empecé a entender el porqué de mis intereses. De adolescente me encantaba la mitología, así como la historia de las religiones y las tribus ancestrales. Más tarde me adentré en el turismo, el marketing, la comunicación, la nutrición, la cocina (vegana, macrobiótica, sin azúcares...), los huertos urbanos, la aromaterapia, el *coaching*...

Si las fascinaciones oscilantes y el interés por múltiples disciplinas forman parte del día a día, ya sabes por qué aprender es la forma natural de satisfacer la curiosidad y cómo nos aporta el subidón de la novedad. Es un vicio sano, siempre y cuando no se convierta en una obsesión que nos coarte la libertad.

DIME CÓMO ACTÚAS Y TE DIRÉ CUÁL ES TU MOTIVACIÓN

Las PAS se caracterizan por ser los peces tímidos que estudian el entorno antes de actuar. Lo observan, lo procesan, sopesan las posibilidades y analizan las oportunidades con cautela. Para ello se basan en experiencias pasadas y en los posibles peligros que pueden acechar.

Según distintos teóricos,[3] hay dos sistemas de motivación detrás del comportamiento, dependiendo de lo que nos mueva para actuar o no hacerlo.

El SIC es el sistema de inhibición conductual. Para este sistema, el motor de la motivación consiste en evitar una situación incómoda o el dolor. ¿Te suena? El SIC es más potente en las PAS introvertidas.

El otro sistema de motivación es el SAC, el motor de la motivación para la acción que permite alcanzar algo deseado. Es más potente en los BS y más frecuente en las PAS extrovertidas.

SIC: parar y comprobar

Aunque originalmente se relacionaba el SIC con la ansiedad, hoy se sabe que tiene tres funciones. Una consiste en prestar atención a lo que sucede a nuestro alrededor para tomar las mejores decisiones. Es una pausa de comprobación con la que decidimos si la situación genera un peligro o una recompensa. Antes de tomar una decisión, se coteja la situación con experiencias pasadas. Este proceso requiere de un procesamiento profundo de la información. Las PAS suelen tener un SIC elevado, también conocido como «sistema de parar y observar».

Este tipo de comportamiento tiene tres disparadores:

1. **Atención e interés:** analizar el entorno para ver nuestras opciones y posibilidades. Por ejemplo, pasar por la calle de siempre y descubrir que han abierto una

nueva tienda o que ha cambiado el escaparate de la pastelería.

2. **Ansiedad:** el procesamiento profundo lleva a la ansiedad en ocasiones en las que no se sabe si hay peligro. Si se produce una situación peligrosa, aparecen el suspense y la tensión. Un aumento de la ansiedad supone una mayor sensibilidad al castigo y a la frustración.

3. **Miedo:** alerta roja. Se utilizan todos los recursos y la fuerza interior para sobrevivir.

SAC: acción

Cuando llega una oportunidad al SAC, entramos en alerta. Los jugos de la curiosidad empiezan a fluir y nos llaman para que la saciemos, para que vayamos en busca de la experiencia, la novedad, la recompensa y la finalización del castigo.

Si el SIC es el conductor del coche que toma las decisiones con la vista en la carretera, el SAC es el copiloto que quiere ir más rápido y por atajos para vivir nuevas aventuras. Para las PAS buscadoras de sensaciones, los dos rasgos de la personalidad suelen equilibrarse: buscan nuevas experiencias sin tener un accidente, ya que mantienen los ojos fijos en la carretera.

Escala SIC y SAC

Marca en este cuestionario si estás de acuerdo o no con cada afirmación e indica el grado de acuerdo con cada una de ellas.[4] Utiliza la escala que se muestra a continuación:

1. Verdadero.
2. Verdadero en cierto modo.
3. Falso en cierto modo.
4. Falso.

Responde a todas, no dejes ninguna en blanco. Sé honesto. No te preocupes por la consistencia de las respuestas, pero responde a cada afirmación sin tener en cuenta las demás.

1. La familia de una persona es lo más importante en la vida.
2. Aunque algo malo esté a punto de suceder, no suelo sentir miedo o nerviosismo.
3. Doy lo máximo de mí para conseguir todo lo que quiero.
4. Cuando estoy haciendo algo bien, me gusta seguir haciéndolo.
5. Siempre estoy dispuesto a probar algo nuevo. Pienso que será divertido.
6. La manera de vestir es importante para mí.
7. Cuando consigo algo que quiero, me siento enérgico y entusiasmado.
8. La crítica y el regaño me afectan mucho.
9. Cuando quiero algo, voy a por ello.
10. A menudo hago cosas porque son divertidas.
11. Me cuesta encontrar tiempo para hacer ciertas cosas, como cortarme el pelo.
12. Si tengo la oportunidad de hacer algo que quiero, lo hago inmediatamente.

13. Me preocupa o me hace enfadar bastante creer que alguien está molesto conmigo.

14. Cuando tengo la oportunidad de hacer algo que me gusta, me entusiasmo con facilidad.

15. A menudo actúo sin pensar, de forma impulsiva.

16. Si creo que algo desagradable va a ocurrir, me altero bastante.

17. A menudo me planteo por qué las personas actúan así.

18. Cuando me pasan cosas buenas, me afecta muchísimo.

19. Me preocupo cuando creo que he hecho mal algo que es importante.

20. Tengo ganas de probar nuevas sensaciones.

21. Cuando voy detrás de algo, nada puede pararme.

22. Si me comparo con mis amigos, tengo muy pocos miedos.

23. Me emocionaría ganar un concurso.

24. Me preocupa equivocarme.

Marca en tus respuestas las afirmaciones que hayas puntuado con un 1. A continuación, fíjate en esta leyenda:

- La afirmación 2 y la 22 se puntúan al revés (un 4, falso, sería un 1, verdadero).
- Tendencia SAC en respuestas afirmativas: 3, 9, 12, 21.
- SAC, buscador de diversión, respuestas afirmativas: 5, 10, 15, 20.
- SAC, respuesta a la recompensa, afirmativas: 4, 7, 14, 18, 23.

- SIC, respuestas afirmativas: 2, 8, 13, 16, 19, 22, 24.
- Las afirmaciones 1, 6, 11 y 17 son de relleno.

Ya sabes cuál es tu tendencia, la motivación que te empuja a actuar o a pararte para observar el entorno. Tu motivación y la manera de actuar frente a las situaciones forman parte de tu estilo de sensibilidad.

10

El viaje sensorial

El viaje sensorial es la aventura en la que nos sumimos cuando prestamos atención a los estímulos externos que recibimos a través de los sentidos.

Siempre me han dado miedo las agujas. Desde pequeña, cuando sabía que iban a hacerme un análisis clínico, sufría por adelantado. La experiencia empezaba al entrar por la puerta. Sabía que, cuando me sentara en la silla con la camiseta arremangada, lo primero que recibiría sería ese olor a consulta médica, una mezcla de desinfectante y bata blanca. Al olor le seguiría el tacto de la silla, el contacto de mi brazo con el reposabrazos frío y áspero y un pequeño algodón empapado en alcohol que marcaba el pistoletazo de salida. Luego, oiría la goma al apretarla en mi antebrazo y sentiría el roce con mi piel. Notaba la presión y los toquecitos que daba la enfermera con la yema de los dedos para que mis venas salieran a jugar.

Cada una de esas sensaciones anunciaba el pinchazo que aún no se había producido. Podía oír la aguja acercándose en la distancia. Doy un saltito en la silla cuando noto cómo cada milímetro de la aguja entra en mi piel. No puedo mirar. Sé que, si lo hago, la sensación se multiplica por cien, así que centro la atención en la sala para alejarme del estímulo visual.

Además de los pinchazos, también siento los campos de lavanda y amapolas, el olor a polen en el aire, la vistosidad de colores de los ramos de flores en la floristería, la nueva colonia del vecino que ha entrado en el ascensor, el olor a cruasán de mantequilla recién horneado que te permite seguir el rastro hasta la puerta de la panadería, el tacto de las sábanas recién lavadas, la viscosidad del jabón, las sirenas de las ambulancias, el ruido de las llaves en el bolso cuando camino por la calle y los pasos en el pasillo y saber quién es por cómo arrastra los pies.

El viaje sensorial es esa travesía que hacemos mientras prestamos atención al tsunami de información que procede de los sentidos. La vista, el olfato, el gusto, el tacto y el oído. Una orquesta sinfónica que nos acompaña a diario y que, si la ponemos a todo volumen, nos permite percibir las sutilezas del entorno.

Captamos los estímulos externos gracias a un tipo de memoria, la «memoria sensorial». Como su nombre indica, retiene las sensaciones, las primeras impresiones de la realidad que invaden nuestros sentidos en forma de colores, olores, sonidos, texturas...

Estas impresiones de la realidad son evanescentes, por lo que se convertirán en una pequeña porción de todo lo que procesaremos.

El cerebro tiene un arduo trabajo de selección de la información que recibe, así que filtra la más relevante para no saturar el sistema. A través de la atención, pone el foco y ajusta los parámetros de selección.

Las PAS tenemos un filtro de percepción poroso que deja pasar muchísima información a través de los sentidos.

Sin embargo, tenemos la capacidad de controlar la atención.

Para ello recurrimos a la memoria a corto plazo, pero esta bolsita de memoria tiene una capacidad limitada. Cuando atendemos, el cerebro ha dejado atrás la fase de recibir información y se centra en la percepción.

Cuando percibimos datos, buscamos dar significado, usar y valorar esa experiencia emocional a través de las sensaciones. Si integramos, categorizamos y reconocemos lo atendido, podemos sacar conjeturas y guardar esa información en la memoria a largo plazo.

Percibir es un proceso creativo. Si tenemos en cuenta que las PAS vemos muchos más estímulos sensoriales, la creatividad dispondrá de un terreno más amplio para correr en libertad, siempre y cuando se lo permitamos.

ESTILO DE SENSIBILIDAD

La sensibilidad no es la misma para todos, ya que cada uno tiene su fórmula secreta. Un perfume de sensibilidad hecho con habilidades, recursos, sueños, miedos, experiencias vividas, creencias, entrenamiento previo, aficiones, carácter...

No hay una sensibilidad igual que otra, pero sí una característica común en todas las sensibilidades; todas tienen su origen en la información que procede de los sentidos, y es posible que algunos estén más desarrollados que otros.

Estos nos proporcionan la materia prima que, gracias a los filtros de la percepción, se transforma en la experiencia que vivimos.

La sensibilidad nos permite tener una extensa cantera de materia prima sensorial. Con ella podemos abastecernos de información y procesar las percepciones y sensaciones que nos producen.

Nos acostumbramos a sentir con intensidad debido a nuestra forma de vivir las experiencias en cuerpo y mente. La sensación es el efecto de sentir. Revivimos los recuerdos en el cuerpo, pero el sentimiento vuelve con la misma fuerza. Sin ser conscientes de ello, utilizamos la sensación como un mecanismo de autosabotaje para intensificar momentos pasados que pueden ser agradables o desagradables.

ADICTOS A LA SENSACIÓN

¿Alguna vez te has obligado a sentir? Escuchas una y otra vez un mensaje de voz, ves un vídeo de un momento feliz o triste, revives una experiencia en la mente... Las sensaciones de los momentos vividos se guardan en el cuerpo gracias a lo que percibes con los sentidos.

Cuando vuelves a oír un mensaje de voz que te emocionó la primera vez, el sentimiento original también regresa. Tu cuerpo lo recuerda, así que llega como una ola y se apodera de ti.

Revivir sensaciones una y otra vez es una adicción común. Lo hacemos para regocijarnos en nuestras penas, revivir alegrías o engañarnos al recoger un recuerdo aislado para repetir una experiencia que nos permita aferrarnos a un trozo bonito de lo vivido.

Recreamos las sensaciones a través de los pensamientos,

los hábitos y la memoria de experiencias pasadas. Es la dosis de una droga neuroquímica que nos proporciona la sensación que andamos buscando.

Mantienes la sensación en «modo repetición», como si fuera la canción del verano, y te machacas; te anclas en relaciones pasadas, el resentimiento, la tristeza y el enfado. Te sientas en el gran trono del victimismo.

Dale la vuelta y usa a tu favor esa adicción natural a la sensación. Escoge experiencias, recuerdos y pensamientos que te acerquen al bienestar, a la paz interior y al equilibrio.

El sabor de un melón dulce y acuoso que se derrite al morderlo, el sonido del mar, tocar el agua con los pies hundidos en la arena húmeda, el trino de los pájaros en el bosque, el tacto de una mesa de madera recién pulida con el serrín que se cuela entre los dedos, las vistas desde lo alto de la montaña, el olor a leche merengada con canela...

Mono no aware, o cómo enamorarse de un cerezo en flor

Contemplar los cerezos en flor es una experiencia que se realiza en Japón del 20 de marzo al 13 de abril. Miles de personas se congregan bajo los árboles para observar los cerezos de ese manto rosa pálido y captar el olor que desprenden.

Es una experiencia bella y finita, ya que tiene una duración determinada. Es una belleza efímera que surge al contemplar un evento de la naturaleza que llega tan rápido como se va.

Mono no aware es el concepto japonés que se emplea para

mostrar empatía hacia las cosas. También se conoce como «sensibilidad efímera», la consciencia de la impermanencia o la brevedad de la experiencia.

Es la sensación de la brevedad sutil tintada de tristeza debido a su corta duración. Nos sentimos tristes al comprobar que el tiempo se lleva la experiencia.

Podemos aprender mucho acerca de la experiencia de enamorarse de un cerezo en flor. Debemos acercarnos a los sentimientos y a las sensaciones de la misma forma. Tenemos que vivirlos en el momento, observarlos, respirarlos, disfrutarlos y dejarlos ir. Son pasajeros, y forman parte del vivir, pero no podemos pretender que los cerezos florezcan a nuestro antojo.

Cada sensación tiene su momento y su razón de ser. Podemos recordarlos, pero revivirlos recrea una realidad que ya no existe. Estar en paz y vivir el momento presente sin apegarnos o arraigarnos a él es el estado natural del ser humano.

LOS SENTIDOS

Los sentidos nos explican quiénes somos, qué nos gusta o qué detestamos. Los sentidos captan y traducen los *inputs* que el sistema nervioso es capaz de asimilar.

Si tenemos en cuenta sus preferencias, pueden convertirse en nuestros mejores aliados. A veces, castigamos a los sentidos sin ser conscientes de ello, pues parecen molestarnos. En ocasiones, nos proporcionan experiencias desagradables; por lo tanto, nos gustaría mantenerlos en «silencio», como el móvil, para que nos dejaran en paz.

La vista nos ciega con suciedad, colores estridentes, montañas de pertenencias, muros visuales o asimetría.

El tacto nos roza con rugosidades, etiquetas que pican, ojos que se irritan, piel que se seca, tropezones inesperados en una salsa o espinas en el pescado.

El oído estalla con las sirenas de las ambulancias, las bocinas de tráfico, el llanto de los bebés, las discusiones de pareja, con vecinos que vociferan en la ducha, y taladros o martillazos en la pared.

El gusto nos atraganta con yogures caducados, sopas sosas, limonada ácida o un inesperado sabor picante.

El olfato se siente agredido por el olor a alcantarilla, la naftalina de armario viejo, la gasolina o un paseo de fragancias por cortesía del camión de la basura.

Tendemos a quedarnos con ese sabor amargo. Elegimos la molestia, el inconveniente. ¿Y si le diésemos la vuelta?

Los sentidos no son buenos ni malos, solo son. Tener los sentidos aguzados puede convertirse en un sueño o en una pesadilla. Todo depende de cómo lo mires.

¿Cómo quieres verlo? ¿Cómo quieres oírlo? ¿Cómo quieres sentirlo? ¿Cómo quieres degustarlo?

La vista nos permite apreciar la belleza, los colores complementarios, la simetría, las arrugas... Encontramos atajos, descubrimos rincones y contemplamos los paseos de las personas.

El tacto de la caricia del jabón que resbala por el cuerpo o de la crema que penetra a través de los poros. Si nos llevamos las manos a la cabeza, notaremos que cada fibra del cabello nos roza los dedos.

El oído capta las melodías de los cantantes callejeros que

nos dibujan una sonrisa, el tono de voz de tu persona favorita o una risa incontrolable y contagiosa. El sonido del placer.

El gusto nos permite saborear un helado de chocolate amargo y descubrir los ingredientes de un plato con la lengua. Puedes probar sabores y platos desconocidos con los ojos cerrados.

El olfato nos descubre el olor de la ropa tendida al sol, de un bizcocho recién horneado, la llegada de la primavera, el polen y algún que otro estornudo de regalo.

Lo que influye es la aceptación de la información recibida y el apego que tenemos a ella. Si pensamos que los sentidos están fuera de nuestro control, entramos en el espacio de la víctima.

¿Cómo quieres que sea tu relación con los sentidos? Si quieres una relación fluida, divertida y creativa con la percepción sensorial, coge papel y lápiz, que despegamos.

Vista

Si la vista es tu sentido principal, abrázalo y utiliza todas sus ventajas para procesar información, pensar, relajarte o crear. Aquí tienes algunas ideas:

- *Collages*: puedes hacerlo con revistas, recortes de anuncios, panfletos y folletos o crear tus propios dibujos.
- *Vision Board* o mapa de los sueños: crea un panel donde dibujes o escribas tus objetivos o sueños para este mes, para los próximos tres meses o para lo que queda del año. Complétalo con dibujos, imágenes, recortes de

revistas u objetos. De esta forma, tendrás el recuerdo visual de tus sueños.

- *Sketchnoting*:[1] tomar notas mediante la combinación de textos y recursos gráficos. Te permite organizar la información y puedes establecer conexiones entre las ideas al tenerlo todo visual y esquemáticamente expuesto.

Para relajarte, ve documentales o películas donde aparezcan paisajes naturales, huye a la playa para contemplar el vaivén de las olas o rodéate de colores relajantes en tu zona de descanso.

Tacto

El tacto nos permite sentir la caricia del viento en la piel, la textura de una crema, la presión de una pulsera en la muñeca, los abrazos, la ropa que usamos o los tejidos que nos rodean.

Quizá sea uno de los sentidos más olvidados, pero es de vital importancia para nuestro bienestar. Escoge bien los materiales que utilizas. Un papel reciclado. El algodón de la ropa. La lana de una manta suave que te abriga las piernas las frías tardes de otoño.

El tacto, también llamado «sistema somatosensorial», tiene capas de percepción de dos tipos: externas e internas. El tacto se detecta a través de mecanorreceptores de la piel, de las membranas, de los músculos y de los órganos internos.

Hablamos del tacto, pero hay distintos receptores que se encargan de estos estímulos. En las capas exteriores somos capaces de sentir el tacto sutil de una pluma, de la brisa o de una caricia con la yema de los dedos.

Hay otros tipos de receptores que se localizan en las capas más profundas. Se activan con una presión más fuerte, como ocurre con la digitopuntura o con los masajes musculares.

Hazte masajes, acaríciate la piel con aceites naturales y rodéate de productos libres de químicos para nutrir tu cuerpo por dentro y por fuera.

Si te gusta manipular objetos y te relaja el tacto de la plastilina blanda, siente la arcilla entre los dedos o toca la arena, el agua, la seda, la lana...

Rodéate de materiales que te aporten una experiencia sensorial táctil siempre que lo necesites. Camina descalzo, nota la tierra bajo tus pies, siente cómo la arena de la playa se cuela entre tus dedos.

Oído

El oído es uno de los sentidos que está en alerta permanente, así que no podemos apagarlo. Oímos las sirenas de las ambulancias y las bocinas de los coches, pero nos deleitamos con música que nos activa, que nos relaja o nos permite sacar la tristeza y la melancolía en forma de lágrimas.

Dependiendo del ruido que escuchemos, seremos capaces de discernir si se ha caído un vaso de cristal, de bambú o de plástico. Estamos conectados a los sonidos que nos rodean.

Puedes utilizar los sonidos para relajarte. Sal al bosque y escucha el trino de los pájaros. Oye cómo el viento mueve las hojas. Déjate llevar por el crujido de tus pasos sobre la hojarasca.

Gusto

El paladar nos lanza a un mundo de sabores: dulce, salado, amargo, ácido o *umami*.

Para los que piensan que el gusto es uno de los sentidos predilectos, saborear comida es un gran placer, una experiencia que comienza al oler los alimentos y con la que reciben, tras cada bocado, una explosión de deleite y sabor.

No siempre podemos calmar nuestro sistema con comida, pero sí comer con *mindfulness*: disfrutar de cada bocado, masticar poco a poco, centrando la atención en el proceso, no solo en la recompensa inmediata que nos aporta el sabor.

Las aguas saborizadas con frutas o cítricos pueden darte el sabor que necesitas en un momento concreto, así como las especias y algunas hierbas. El paladar se encarga de transportar el placer o el dolor a través del alimento que nos metemos en la boca.

A veces, deseamos que el gusto adormezca la sensibilidad o el sentimiento y, para ello, nos llenamos de alimentos que solo sirven para dejar de sentir. Sin embargo, también podemos utilizar el gusto para conectar con nosotros y con el entorno a través de él.

En la playa, podríamos comer marisco y pescado; en cambio, en la montaña, comeríamos más vegetales o carne. Si nos encontramos en el trópico, disfrutaremos de frutas tropicales, como la piña o el mango. También podemos alimentarnos con especias picantes para que nos ayuden a soportar el calor.

Cuídate a través del sabor.

Olfato

No podrás decidir la ruta del camión de la basura ni evitar que el extractor de humos del vecino desprenda un fuerte olor a sardinas, pero puedes sacar provecho del olfato si conoces su poder.

El olfato es el único sentido que envía la información a la corteza cerebral. En cambio, la que procede de otros sentidos pasa a través del tálamo. Es una autopista al sistema límbico.

Gracias a la aromaterapia y a los aceites esenciales que calman tu sistema, como la lavanda, puedes llevarte un *kit* de emergencia olfativo allá donde vayas. Puedes usar un *roll-on* con una mezcla de aceites esenciales, o joyas que te permitan ponerles unas gotas de aceite para llevar contigo esos olores que te calman o te aportan energía.

Dispones de muchas opciones para nutrir tu sistema olfativo. Apóyate en los olores que desprenden las especias al cocinar, pasea por la naturaleza y enciende velas aromáticas o incienso en tu espacio personal. Lleva un perfume sólido para encontrar un descanso olfativo a tu medida en cualquier momento.

EL VACÍO: APACIGUAR LOS SENTIDOS

Los sentidos necesitan un descanso, un *spa* con ausencia de estímulos; por lo tanto, gestionar el entorno para que los sentidos estén a gusto es esencial para alcanzar una paz interior sensitiva. En ocasiones, podemos sobresaturar nuestros sentidos, por lo que es necesario buscar el espacio de vacío.

A nivel visual, disponer de paredes blancas con muebles de colores neutros, líneas armónicas y el menor número posible de pertenencias puede ser de gran ayuda para que nuestros ojos puedan descansar.

En el terreno táctil, rodearte de texturas agradables, naturales y de buena calidad (lino, algodón, lana, mimbre, madera...) te aportará confort y bienestar. Con el tacto, puedes relajarte moldeando plastilina, pelando avellanas o manoseando un clip para centrar tu atención.

Para dar un descanso a tus oídos, utiliza auriculares con cancelación de ruido; aunque no escuches nada, llevarlos puestos puede aislarte del sonido exterior. También puedes usar los clásicos tapones. El ruido blanco o el de la naturaleza, como las olas del mar o los pájaros, puede calmar tus oídos. Los vídeos o audios de ASMR (Respuesta Sensorial Meridiana Autónoma) utilizan determinados sonidos (cepillarse el pelo, cortar verduras o hablar en susurros) para provocar una sensación placentera, cálida y relajante. Pruébalo. Mis favoritos son los vídeos donde escuchas las ceremonias del té, ya que me relaja escuchar cómo cae en los cuencos y el crepitar de las llamas de la chimenea.

Bebe agua, infusiones o aguas saborizadas para limpiar tu paladar. Para conceder un gran descanso a tus papilas gustativas, evita la alimentación demasiado sabrosa, como los refinados, procesados y azúcares.

Los olores nos transportan a recuerdos, sensaciones y sentimientos. Utiliza tus gustos olfativos para llenarte de calma, energía o como refugio con ausencia de olores. Las velas aromáticas, inciensos, ambientadores, plantas o el jabón de la colada pueden convertirse en auténticos remansos de paz olfativa.

La quietud: el arte de la no acción

Wu wei es un concepto del taoísmo. Es la forma natural de hacer las cosas, un estado mental donde las acciones se alinean con el flujo de la vida. Según este concepto, el espacio de la «no acción» o la quietud es la mejor forma de afrontar una situación conflictiva.

No es una invitación para huir de las situaciones que nos molestan o nos inquietan. El objetivo es contemplarlas sin necesidad de producir, actuar o accionar. La quietud es necesaria para nuestro bienestar físico, mental y emocional. Debemos dejar que las cosas sigan su curso. Tenemos que aceptar los acontecimientos tal y como son, sin resistirnos a ellos, sin pretender tomar el control.

Si los sentidos nos abruman, debemos aceptar lo que sentimos y percibimos. Si intentamos aislarnos para dejar de sentir, entramos en una contradicción y luchamos contra toda la información que nos llega.

No se trata de no oler el camión de la basura, sino de aceptar que está ahí y dejar ir la necesidad de controlar ese olor. Se trata de sentirlo y olerlo para apreciar más y mejor el *roll-on* de lavanda que llevamos en el bolsillo. Sin enfadarnos, sin reaccionar. Desde la quietud, somos capaces de reflexionar, aceptar y vivir una experiencia serena, tranquila y ordenada.

ESTILOS DE APRENDIZAJE

Usbek escribió: «El aprendizaje se parece a la nutrición. Al aprender y al comer se asimilan sustancias externas. En ambos casos, el trabajo se simplifica si los alimentos (o la información) se toman ya predigeridos».[2]

La importancia de digerir la información facilita el proceso de aprendizaje. La clave para las PAS es conocer al dedillo nuestro sistema predilecto de aprendizaje. Así, podremos crear procesos y herramientas que nos ayuden a predigerir toda la información recibida.

Estilo de aprendizaje sensorial: VAK

La clasificación de aprendizaje sensorial, abreviada con las siglas VAK (Visual, Auditivo y Kinestésico), destaca un sentido predilecto para el aprendizaje o la forma de pensar.

Cuando hablamos, dejamos migajas de pan que indican qué sistema de aprendizaje sensorial elegimos. Seguro que has oído antes estas expresiones, ya que cada uno tiene sus predilectas y concuerdan con el sentido primario:

- **Visual:** ¿cómo lo ves?, una nueva manera de ver el mundo, claro como el agua, echar un vistazo, ojo clínico, idea borrosa, de color de rosa...
- **Auditivo:** me chirría, ¿te suena bien?, fuera de tono, secreto a voces, ¿quién lleva la batuta?, me suena, música para mis oídos...
- **Kinestésico:** dar en el clavo, abrirse paso, se me revuelven las tripas, nudo en el estómago, paso a paso, machacar a alguien, tener la cabeza fría, poner las cartas sobre la mesa...

Cada uno tiene distintas preferencias y fortalezas. Al leer estos modelos ten en cuenta que ninguno de estos estilos de aprendizaje es excluyente, es decir, puede que utilices una mezcla. Reconocerlo te hará ser consciente de ello y sacar el máximo partido a tus fortalezas de aprendizaje y de sensibilidad.

Visual

Es un estilo de aprendizaje relacionado con ver y leer, ya que la información entra y se digiere por los ojos. Las personas visuales:

- Prefieren leer en lugar de escuchar.
- Captan mucha información solo con mirar.
- Piensan con imágenes.
- Visualizan el detalle.
- Tienen la capacidad de recordar información con rapidez.

- Visualizar les ayuda a crear relaciones entre distintas ideas y conceptos.
- Suelen responder mejor en exámenes escritos.

Estas son algunas de las herramientas y actividades visuales: hacer resúmenes o esquemas, escribir en los márgenes de los libros o en documentos, tomar apuntes, dibujar los conceptos, subrayar la información, completar crucigramas, hacer o ver fotografías, inspirarse con revistas o folletos, observar mapas y obras de arte. Ver, mirar, leer, imaginar, comparar imágenes, escribir, pintar...

Te invito a utilizar la cámara de fotos de tu móvil para fotografiar objetivos creativos. Captura todo lo que te llama la atención, lo que quieres aprender, conceptos, partes de libros, etc.

Auditivo

Este estilo está relacionado con hablar y escuchar para unir ideas o conectar conceptos. Puede tener la misma destreza y rapidez que con el sistema visual. Las personas auditivas:

- Prefieren escuchar en lugar de leer.
- Si leen, les gusta más hacerlo en voz alta.
- Aprenden mediante expresiones orales.
- Muestran facilidad por los idiomas y la música.
- Siguen instrucciones orales de forma diligente.
- Les ayuda estudiar en grupo para debatir y contrastar opiniones.
- Suelen responder mejor en exámenes orales.

Sus herramientas y actividades auditivas son las siguientes: grabar explicaciones orales, repasar los apuntes en voz alta, hablar con ellos mismos, participar en foros o debates, llamar por teléfono, cantar, narrar, escuchar audiolibros y conferencias, oír música en la radio...

Te invito a utilizar la grabadora de tu móvil para hacer una reflexión en voz alta sobre un pensamiento, un concepto o una disciplina que hayas aprendido. A continuación, escúchate para integrar esas ideas con tu propia voz.

Kinestésico

El estilo de aprendizaje kinestésico también se denomina «estilo táctil o físico», ya que está relacionado con tocar y hacer. Por norma general, suele ser más lento que los dos anteriores. Las personas kinestésicas:

- Captan información a través de sensaciones y movimientos.
- Hacen dibujos o esquemas en vez de copiar al pie de la letra.
- Estudian en movimiento, caminando y haciendo pausas frecuentes.
- Relacionan nuevos conocimientos con los existentes.
- Suelen responder mejor en exámenes prácticos (pruebas de laboratorio, construcciones, proyectos manuales...).

Las herramientas y actividades kinestésicas son: disponer de objetos que nos permitan una experiencia sensorial: andar, correr, saltar, cocinar, bailar, utilizar piezas de construcción (Lego), trabajar con barro o plastilina, los juegos de mesa, salir de excursión, visitar museos, realizar actividades manuales, trabajar con cerámica, tejer...

Te invito a utilizar el movimiento corporal para coordinar el cuerpo con los conceptos que quieras aprender. Por ejemplo, conecta un movimiento de manos con un concepto; a continuación, enlázalo con otro para tejer el discurso. Imagina que es una coreografía. Una receta y sus ingredientes también pueden servirte para traer al mundo físico el aprendizaje que habita en tu cerebro.

¿CUÁL ES TU ESTILO CREATIVO Y DE APRENDIZAJE?

Para averiguar qué estilo de aprendizaje usas con más frecuencia, plantéate esta pregunta: «¿Qué recuerdas después de que te presenten a alguien: su cara (visual), su nombre (auditivo) o la impresión (kinestésico) que esa persona te ha producido?».

Somos una mezcla única, así que quizá tengas un sentido más desarrollado que otro. Analiza cómo aprendes, cómo retienes la información y qué tipo de comunicación es más fácil para ti.

¿Prefieres hablar por teléfono o mandar notas de voz? ¿Eliges escribir mensajes o las videollamadas? No nos damos cuenta, pero nuestras preferencias para comunicarnos se relacionan con la habilidad para recibir y emitir información a través de cada canal de aprendizaje.

Te invito a hacer un simple ejercicio para determinar tu

canal de aprendizaje preferente. Necesitarás a un voluntario que esté dispuesto a hablar. Seguro que lo encuentras.

Durante tres minutos, tu voluntario hablará y tú escucharás. Puede ser sobre cualquier tema. La única norma es que se centre en una temática relacionada con un sentimiento (preocupación, ilusión, tristeza, enfado...). El voluntario no podrá desvelar de qué tema va a tratar antes de los tres minutos.

Cuando se acabe el tiempo, verbalizarás qué has entendido de lo que has percibido. El voluntario aprobará o corregirá tu entendimiento sobre la conversación.

Haréis tres rondas:

- **1.ª ronda (visual, auditivo, kinestésico):** hablaréis cara a cara o por videollamada. En esta ronda es importante ver a la persona.
- **2.ª ronda (auditivo):** hablaréis por teléfono o, si te resulta más fácil, con los ojos cerrados. Solo podrás oír su voz.
- **3.ª ronda (visual, kinestésico):** el voluntario hablará por videollamada, pero tú tendrás el sonido apagado. Solo podrás ver la imagen.

Plantéate estas preguntas:

- ¿De qué me he dado cuenta?
- ¿Qué información he captado con el cuerpo?
- ¿Y con el tono de su voz?
- ¿Y a través de las palabras?
- ¿Cuál de las tres rondas ha sido más fácil para mí?
- ¿En cuál he captado mejor la información?
- ¿Qué he aprendido?

Yuxtaposición de estilos: aprendizaje de Kolb

Los elementos que conforman nuestro sistema de aprendizaje pueden considerarse desde diferentes perspectivas. David Kolb[3] fue un teórico educativo estadounidense que creía que el aprendizaje se basaba en tres factores: la genética, las experiencias de la vida y el entorno. A partir de esta premisa, surgen cuatro tipos de aprendizaje, según cómo sea la persona:

1. **Convergente o activo.** Le gusta la experimentación. Es práctica y busca soluciones a los problemas. Suele mostrar interés por los avances tecnológicos.

2. **Divergente o reflexivo.** Observa de forma reflexiva. Quiere conocer todos los puntos de vista y sopesar sus opciones. Es de mente abierta y suele necesitar un periodo de reflexión antes de tomar decisiones. Le gusta escuchar, es emocional y creativa. Muestra interés por las artes.

3. **Asimilador o teórico.** Está relacionada con la abstracción y los estudios teóricos. Prefiere leer, estudiar y trabajar de forma individual, ya que no es especialmente sociable. Se interesa por las ideas abstractas, dejando en un segundo plano a las personas o los sentimientos. Le preocupa poco la práctica, pues está más centrada en las teorías.

4. **Acomodador o pragmático.** Se fía de su intuición. Actúa y decide sobre la marcha, sin reflexión previa. Es activa e impaciente. Suele optar por el sistema de ensayo-error. Muestra interés por trabajar en equipo.

Puedes encontrar versiones reducidas o adaptadas del cuestionario de Kolb en internet.[4] También te recomiendo que hagas el test del Instituto de Aprendizaje Experiencial[5] para determinar tu estilo de aprendizaje.

David Kolb desarrolló lo que hoy se conoce como «aprendizaje experiencial». Este procedimiento determina unos pasos concretos en el proceso de aprendizaje que, a su vez, recogen la esencia de los cuatro tipos de aprendizaje mencionados:

1. Observación de las experiencias inmediatas y concretas.
2. Reflexión para empezar a construir una teoría de lo observado.
3. Formación de conceptos abstractos y genéricos.
4. Prueba de las implicaciones de esos conceptos en situaciones nuevas.

TUS SENTIDOS A TU SERVICIO

La alta sensibilidad viene con los sentidos a todo volumen. La atención selectiva y el autoconocimiento son los mecanismos que controlan ese volumen. Por otro lado, la aceptación y el equilibrio interno funcionan como unos buenos auriculares de cancelación de ruido. Todo ello puede permitirnos disfrutar del sonido envolvente de la vida.

Olvidamos que sentir puede ser una gran fuente de bienestar, creatividad, autoconocimiento y disfrute, además de una manera de conectar con el entorno y con nosotros.

Si consideramos los sentidos como unas fuentes de riqueza que nos permiten tener unos puntos de control, seremos capaces de aceptar lo que captamos a través de los sentidos de forma natural. Podemos sacar el máximo partido a nuestros sentidos primarios, así como buscar rutinas de descanso y estímulos agradables para trabajar fácilmente con los sentidos que dejamos en un segundo plano.

Ser agradecidos por la sensibilidad y la sensorialidad que nos hace únicos es una habilidad extra que nos aporta una visión completa del mundo, tanto de su belleza como de su incomodidad. Realmente, podemos apreciar la belleza si hemos percibido lo contrario.

11

Crea tu sensibilidad

A estas alturas, tienes la mochila llena de recursos creativos, desde reescribir tus pensamientos y tu historia de la sensibilidad hasta dibujar piezas de coche y encontrar conexiones entre ideas. Has aprendido a escuchar tus emociones, a dar la vuelta a tus pensamientos y a conocer la maquinaria PAS.

Cuántas veces sabemos qué debemos hacer, pero dejamos la acción para más adelante. La sensibilidad va contigo, por lo que no hay mejor momento para aplicarte el cuento que ahora.

Es posible que la lectura te haya refrescado información que ya sabías, te haya presentado nuevos conceptos y te haya mostrado ejercicios cómodos e incómodos, de los que te alejan de tu zona de confort.

Puedes guardar el libro en la estantería y no tocarlo jamás, pero ambos sabemos que probablemente te habrán quedado ejercicios por hacer. Si colocas estas páginas lejos de tu vista, la práctica para traer la creatividad a tu vida y gestionar la sensibilidad quedará aplazada hasta nuevo aviso.

LA SERENDIPIA

La serendipia es una coincidencia fortuita positiva. A veces se describe como la buena suerte. Seguro que te has encontrado a un conocido en el lugar más inaudito. Tal vez estás buscando un libro y, por arte de magia, se cruza en tu camino, alguien te lo regala o lo encuentras en la biblioteca. Es posible que, mientras estás buscando una factura, entre los papeles encuentres unas entradas que desaparecieron hace días.

La serendipia te encuentra cuando no la buscas. Puede aparecer como idea, persona u objeto.

El psicólogo Richard Wiseman[1] ideó un experimento para un programa de la BBC que contaba con dos participantes: uno consideraba que tenía buena suerte y el otro que tenía mala suerte. El experimento tuvo lugar en una cafetería. Colocaron en la entrada un billete de cinco libras y en el mostrador había un actor que se hacía pasar por un hombre de negocios. A las dos personas se les pidió exactamente lo mismo: entrar en la cafetería y pedir un café.

La persona que creía que tenía mala suerte no vio el billete, fue al mostrador para pedir un café y decidió no entablar conversación con el hombre de negocios. Describió la experiencia de la cafetería como un suceso normal donde no ocurrió nada relevante. La persona que pensaba que tenía buena suerte vio el billete, lo cogió y se puso de buen humor. Fue a pedir café, se dio cuenta de que había un hombre en el mostrador y entabló conversación con él. Al final, intercambiaron sus tarjetas de visita.

La mente creativa está predispuesta a la serendipia. Desde el punto de vista de la persona que creía que tenía mala suerte, el billete no existía. Las oportunidades están ahí. La serendipia es inesperada y requiere que nos desviemos del plan para ir por el camino inexplorado.

Los caminos de la sensibilidad, la creatividad y la serendipia son parecidos. Si viajamos con curiosidad, predisposición y buen humor, encontraremos nuevos motivos para sonreír a cada paso del camino.

Para disfrutar del viaje, debemos manejar las expectativas acerca de nosotros mismos, desarrollar la habilidad de sostener el esfuerzo, persistir, afrontar los obstáculos, tener la voluntad de revisar estrategias para evolucionar o cambiar el plan y apoyarnos en el soporte de nuestra tribu, que nos permite progresar y abrazar nuestros dones.

Que la serendipia te acompañe es tu decisión. Esperar lo inesperado depende de ti.

Todo el mundo tiene ojos para ver, pero no todos decidimos mirar.

FLORECIENDO UNA CONCLUSIÓN

> «Las personas más bellas con las que me he encontrado son las que han conocido la derrota, el sufrimiento, la lucha, la pérdida, y han encontrado la forma de salir de las profundidades».
>
> ELISABETH KÜBLER-ROSS

¿Alguna vez has observado a una mosca volando en una habitación cerrada? Vuela buscando una salida y va dando tumbos sin rumbo. Se choca con el cristal de la ventana, como si intentara atravesarlo para volver por donde ha venido. Agotada, continúa luchando. Cree que, si lo intenta con todas sus fuerzas y coge suficiente impulso, podrá cruzar el cristal.

Cuántas veces nos damos cabezazos contra el cristal hasta que sangramos con la realidad y nos damos cuenta de que no es la solución. Debe de haber otra forma de salir.

Hace un tiempo viví en una casa unifamiliar en Barcelona, una rareza en medio del asfalto. Era preciosa, tenía una terraza en la azotea donde subíamos a cenar y a disfrutar de la brisa nocturna. En cierta ocasión, cuando ya habíamos terminado de cenar, decidimos irnos a dormir y bajamos la escalera que conducía al patio de la entrada. Cuando llegamos a la puerta corredera, nos dimos cuenta de que se había cerrado. No podíamos entrar. Allí, con los platos de la cena en las manos, sentíamos impotencia y ganas de culparnos el uno al otro. «¿Has cerrado la puerta? ¿Y ahora qué hacemos?». Era de noche, íbamos vestidos con la ropa de estar por casa y los móviles estaban dentro de casa. ¿Qué íbamos a hacer? ¿Gritar? Aunque hubiéramos pedido ayuda o conseguido salir de aquella terraza que se había convertido en nuestra cárcel, no teníamos las llaves: nos habríamos quedado en la calle. Empezamos a pensar en todas las opciones.

Podíamos haber saltado por el tejado para llegar a la casa del vecino. Él nos habría dejado llamar o salir a la calle para ir a dormir a casa de algún conocido.

También gritar hasta quedarnos sin aire en los pulmones y quizá alguien hubiera acudido a rescatarnos.

Riéndonos de la absurda situación en la que nos habíamos metido sin saber cómo, pregunté a mi pareja:

—¿Tienes algo para hacer palanca?

—Mmm... ¿Te sirve la llave de la reja?

—Creo que sí...

Me vi haciendo de McGyver en mitad de la noche, alum-brada por la luz amarillenta de un farolillo del patio. Introdu-je la llave entre la goma que protegía la puerta corredera del aluminio blanco. Estuve moviendo la llave mientras hacía palanca. Entonces oímos un «clic» caído del cielo.

Era el sonido de la magia, que nos abrió la puerta y nos dio la bienvenida a casa. Me sorprendí con una opción crea-tiva, propia de un programa de bricolaje de la tele. Yo, que soy de lo más patoso y que carezco de habilidades manua-les. Sin embargo, tenía una habilidad a mi favor de la que no era consciente: la creatividad.

Ese día me di cuenta de que creía en mí y que podía hacer-lo, aunque pensara que tenía cuatro pies izquierdos en vez de manos y pies. Conseguí abrir una puerta cerrada haciendo palanca con una llave. Creer es poder. Soy creativa, y tú tam-bién.

La vida, mi querida PAS, te lanza puertas y ventanas ce-rradas. Gritar y montar una pataleta, como un niño pequeño, no solo no abre nada, sino que cierra todas las posibilidades.

Con la aceptación de las circunstancias y el dolor, lograrás que tus sentimientos crezcan en la serenidad, el autocontrol y la persistencia. Las posibilidades serán infinitas, por lo que las puertas y ventanas se abrirán solas.

Recuerda: una vida creativa aporta juegos, diversión, po-sibilidades de ver más allá de lo obvio, opciones ilimitadas y soluciones para cualquier situación. La creatividad es el patio de recreo de la inteligencia.

Saca tu cerebro a jugar; le encantan los retos. Si no se los proporcionas a través de la creación y la imaginación, los creará empleando la preocupación, la anticipación y el miedo. ¿Qué juego prefieres?

Decide ver la vida como un juego.

Agradecimientos

Quiero dar las gracias a mi agente literaria, Sandra Bruna, y a Julia Arandes. Ambas han seguido de cerca este libro desde que brotó la semilla de una idea hasta que ha visto la luz.

Gracias a mi editora, Laura, por creer en un mundo en el que las PAS puedan brillar a través de la creatividad.

Gracias, Juan José, por ser la voz de la conciencia, por ayudarme a explicar mejor lo que quería contar, y por tu dedicación, cariño, detalle y cuidado con que has acompañado mis palabras.

Gracias, Dalit, por nuestras reuniones de alma de los lunes en las que podía compartir las rocas del camino que no me dejaban ver el sendero. Aprecio mucho tu amistad y tu honestidad; son el mejor regalo.

Agradezco a la Fundació La Plana, en la que me siento como en casa, que me permitiera escribir allí muchas de las páginas de este libro. Hay algo mágico en esas cuatro paredes. Siempre digo que no fui yo quien escribió esta obra, sino los pájaros que venían a susurrarme desde la ventana en mis tardes de biblioteca.

Gracias a mi Bizcocho por sacarme a cenar cuando tenía la cabeza a punto de estallar y no me salían más palabras. Con una sola mirada sabías que tenía barro entre las cejas. No hay libro que pueda resistirse a tus masajes y a tu amor incondicional. Escribiremos las aventuras de Bizcocho y Patito a dos manos; estoy segura de que se avecinan miles de primeras veces juntos.

Gracias, mamá. Cuanto más perdida estaba, más me alentabas a seguir y me recordabas que el libro que tenía entre manos ya estaba escrito dentro de mí.

Gracias, Vero, por leerme. Siempre puedo confiar mi corazón a tus ojos. Eres mi hermana del alma.

Notas

2. PAS: Personas Altamente Sensibles

1. Sih *et al.*, 2004.
2. Wolf *et al.*, 2008, p. 15835.
3. Neuroatípico: persona neurológicamente divergente de la norma social, del estándar.
4. https://www.ultimahora.es/ocio/otras-cosas/eres-persona-altamente-sensible.html
5. SS: *Sensory Processing*: procesamiento sensorial.
6. Véanse estos dos artículos de la doctora Aron: <http://hsperson.com/research/published-articles> y <https://hsperson.com/research/measurement-scales-for-researchers/>.
7. En este enlace encontrarás el test PAS oficial: <https://hsperson.com/test/highly-sensitive-test/>.
8. B. P. Acevedo *et al.*, julio de 2014.
9. Wilson, Coleman, Clark y Biederman, 1993.
10. E. N. Aron, A. Aron y J. Jagiellowicz, 2012.
11. Baumeister, Vohs, DeWall y Zhang, 2007.
12. Coleman y Wilson, 1998.
13. Universidad de Nottingham, 2017.
14. B. P. Acevedo *et al.*, julio de 2014.
15. Garcia Roig, 2019.
16. D. R. Dekelaita-Mullet *et al.*, abril de 2017.

17. K. Dabrowski, 1972. K. Dabrowski y M. M. Piechowski, 1977. A. Faber y E. Mazlish, 1980.

18. Desarrollo mental a través de una transición desde rangos inferiores a superiores de entendimiento y procesamiento. No se produce mediante procesos armónicos, sino por vivencias cargadas de tensión, conflictos, ansiedad y sufrimiento.

19. Piechowski, 1991, p. 287.

20. Dabrowski y Piechowski, 1977; Piechowski, 1979, 1991.

21. *Ibidem*.

22. Dabrowski y Piechowski, 1977; Piechowski, 1979, 1991.

23. *Ibidem*.

24. Piechowski, 1991.

25. Piechowski, 1979.

26. Piechowski, 1979, 1991.

27. R. Dahl, *Matilda*, 1988. La película es de 1996.

28. E. Mofield y M. Parker Peters, septiembre de 2015,.

3. LA EMPATÍA

1. Jakob Johann von Uexküll (1864-1944), biólogo y filósofo alemán del Báltico, fue uno de los pioneros de la etología antes de Konrad Lorenz.

2. *Umwelt und Innenwelt der Tiere*, 1909.

3. Barrett-Lennard, 1997.

4. Neff y Dahm, 2015.

5. Jordan, 1997.

6. Sherman, 2014.

7. Garcia Roig, 2019.

8. Garcia, 2019.

9. S. Díez, entrevista a Sobonfu Somé, 2019.

10. N. Eisenberg y P. A. Miller, enero de 1987.

11. B. P. Acevedo *et al.*, julio de 2014.

12. L. W. Niezink y E. Rutsch, julio de 2016.

13. Práctica de Círculo de Empatía (en inglés): <https://www.youtube.com/watch?v=UzADICRuu_c&feature=emb_title>.

14. <http://cultureofempathy.com/>

15. Canción «Jerusalema», de Master KG: <https://www.youtube.com/watch?v=fCZVL_8D048>.

16. Bailarines de Angola, Fenomenos do Semba: <https://www.youtube.com/watch?v=613A9d6Doac&feature=emb_title>.

17. La alexitimia es la incapacidad para identificar las propias emociones y, en consecuencia, para expresar lo que se siente. Las acciones no se corresponden con las emociones.

4. DE SENSIBLE A INTELIGENCIA SENSORIAL

1. Puede verse el vestido en el siguiente enlace: <https://www.nytimes.com/2015/02/28/business/a-simple-question-about-a-dress-and-the-world-weighs-in.html>.

2. S. H. Carson, J. B. Peterson y D. M. Higgins, septiembre de 2003.

3. Roiser, 2006.

4. Jagiellowicz *et al.*, 2011.

5. Canli *et al.*, 2005.

6. Brocke *et al.*, 2006.

7. Way *et al.*, 2010.

8. C. L. Licht, E. L. Mortensen y G. M. Knudsen, mayo de 2011.

9. «Chronic activation of this survival mechanism impairs health», 6 de julio de 2020.

10. J. Pinkney, 2014.

11. B. Katie y S. Mitchell, 2002.

12. Véase E. Kross *et al.*, 2014.

13. M. Tello, 27 de octubre de 2016.

5. El entorno

1. W. T. Boyce, 21 de octubre de 2015.
2. Garcia Roig, 2019.
3. L. Graziano, 2015.

6. La maquinaria PAS

1. T. Bernhard, 13 de septiembre de 2011.
2. C. Chen *et al.*, 13 de julio de 2011.
3. C. U. Greven, *et al.*, marzo de 2019.
4. J. Jagiellowicz *et al.*, marzo de 2010.
5. B. P. Acevedo *et al.*, julio de 2014.
6. *Ibidem.*
7. R. M. Todd *et al.*, 22 de abril de 2015.
8. B. P. Acevedo *et al.*, julio de 2014.
9. <https://biancaacevedo.com/research--articles.html#>.
10. E. Aron, mayo de 2011.
11. Citado en M. Fessenden, 7 de mayo de 2012.
12. B. P. Acevedo *et al.*, 19 de abril de 2018.
13. Acevedo *et al.*, 2017.
14. *Ibidem.*

7. PASando por las emociones

1. Bach, 2015.
2. University of British Columbia, 7 de mayo de 2015.
3. Dennet, 2016.
4. Lipton, 2015.
5. Zaltman, 2016.
6. Esta herramienta la explico con detalle en mi libro Garcia, 2019.

7. Inspirado en el sistema de cuatro estados de consciencia de John Renesch, de Future Shapers, 20 de agosto de 2016, <http://futureshapers.com/navigating-states-consciousness/>.

8. Puede verse la escena comentada en el siguiente enlace: <https://www.youtube.com/watch?v=ujfhvom8T5M>.

9. L. W. Niezink y E. Rutsch, julio de 2016.

8. LA JUNGLA DE LA CREATIVIDAD

1. Traducido de «Coping Corner: Thoughts on Vacations and Travel», <http://www.hsperson.com/pages/2Aug06.htm>.

2. E. Aron, «FAQ: Are highly sensitive people more creative and intelligent than other people?», en Aron, 2013.

3. A. Dietrich y H. Haider, 2016.

4. Acevedo *et al.*, 2017, sobre Acevedo *et al.*, 2014.

5. Bufill, 2020, p. 42.

6. B. P. Acevedo *et al.*, 2021.

7. R. Corbett, 5 de diciembre de 2017.

8. M. Fugate, S. S. Zentall y M. Gentry, octubre de 2013.

9. J. Cameron, 2019.

10. Csíkszentmihályi, 1998.

11. M. Currey, 2013.

12. S. Johnson, 1999.

13. https://keithsawyer.wordpress.com/2016/08/01/creativity-is-not-localized-in-the-brain/ https://phys.org/news/2006-02-expert-creative-hard.html

14. A. Fink, 2014.

15. J. P. Guilford, 1968.

16. La atención flotante es un concepto que procede del psicoanálisis. Se refiere al estado especial de conciencia que necesita un terapeuta para escuchar al paciente y detectar lo más significativo de su relato sin conceder privilegio a ningún elemento.

NOTAS

17. Csíkszentmihályi, 2013.
18. Ullén *et al.*, 2012.
19. Gruber, Gelman, Ranganath, 2014.
20. Nakamura y Csíkszentmihályi, 2009.
21. Cameron, 2019.
22. Koren, 2021.

9. PAS EXTROVERTIDAS: ¿ES POSIBLE?

1. Zuckerman, 1974.
2. T. M. Copper, 2016, p. 46.
3. J. A. Becerra, enero de 2010.
4. Traducido al español y adaptado de C. S. Carver y T. L. White, 2013.

10. EL VIAJE SENSORIAL

1. Akaun, 2019.
2. Montesquieu, 2019.
3. Kolb, 1976.
4. Estilos de aprendizaje: <http://www.emtrain.eu/learning-styles/>.
5. Experiential Learning Institute: <https://experientiallearnin ginstitute.org/programs/assessments/kolb-experiential-learning-profi le/>.

11. CREA TU SENSIBILIDAD

1. R. Wiseman, 2011.

Bibliografía

Acevedo, B. P. (ed.), *The Highly Sensitive Brain: Research, Assessment, and Treatment of Sensory Processing Sensitivity*, Londres, Academic Press, 2020.

Acevedo, B. P., *et al.*, «The highly sensitive brain: an fMRI study of sensory processing sensitivity and response to others' emotions», *Brain and Behavior*, 4(4), pp. 580-594, julio de 2014, <https://www.ncbi.nlm.nih.gov/pmc/articles/PMC408 6365/>. DOI: 10.1002/brb3.242.

—, «Sensory processing sensitivity and childhood quality's effects on neural responses to emotional stimuli», *Clinical Neuropsychiatry*, 14(6), 2017, pp. 359-373.

—, «The functional highly sensitive brain: a review of the brain circuits underlying sensory processing sensitivity and seemingly related disorders», *Philosophical Transactions of the Royal Society B: Biological Sciences*, 373(1744): 20170161, 19 de abril de 2018, <https://www.ncbi.nlm.nih.gov/pmc/articles/PMC 5832686/>. DOI: 10.1098/rstb.2017.0161.

—, «Sensory Processing Sensitivity Predicts Individual Differences in Resting-State Functional Connectivity Associated with Depth of Processing», *Neuropsychobiology*, 80(2), 2021, p. 185. DOI: 10.1159/000513527.

Akaun, A., *Sketchnoting. Pensamiento visual para ordenar ideas y fomentar la creatividad*, Barcelona, Gustavo Gili, 2019.

Aron, E., *The highly sensitive person*, Nueva York, Kensington Publishing Corp., 2013.

—, «Counseling the highly sensitive person», *Counseling and Human Development*, 1996, 28, pp. 1-7.

—, «The Priestly Part of Our Being "Priestly Advisors" Part II: Individuation», *Comfort Zone Newsletter*, mayo de 2011, <https://hsperson.com/the-priestly-part-of-our-being-priestly-advisors-part-ii-individuation/>.

Aron, E., Aron, A., y Jagiellowicz, J., «Sensory Processing Sensitivity: A Review in the Light of the Evolution of Biological Responsivity», *Personality and Social Psychology Review*, 16(3), 2012, pp. 262-282, <https://scottbarrykaufman.com/wp-content/uploads/2013/08/Pers-Soc-Psychol-Rev-2012-Aron-10888 6831143421 3.pdf>. DOI: 10.1177/1088868311434213.

Bach, E., *La bellesa de sentir. De les emocions a la sensibilitat*, Barcelona, Plataforma Actual, 2015.

Barrett-Lennard, G., «The recovery of empathy: Toward others and self», A. C. Bohart & L. S. Greenberg (eds.), *Empathy reconsidered: New directions in psychotherapy*, Washington, American Psychological Association Press, 1997, pp. 103-121. DOI: <https://doi.org/10.1037/10226-004>.

Baumeister, R. F., *et al.*, «How Emotion Shapes Behavior: Feedback, Anticipation, and Reflection, Rather Than Direct Causation», *Personality and Social Psychology Review*, 11(2), 2007, pp. 167-203. DOI: 10.1177/1088868307301033.

Becerra, J. A., «Actividad de los sistemas de aproximación e inhibición conductual y psicopatología», en *Anuario de Psicología Clínica y de la Salud (APCS)*, enero de 2010, <http://institucionales.us.es/apcs/doc/APCS_6_esp_61-65.pdf>.

Bernhard, T., «4 Tips for Slowing Down to Reduce Stress», *Psychology Today*, 13 de septiembre de 2011, <https://www.psychologytoday.com/ca/blog/turning-straw-gold/201109/4-tips-slowing-down-reduce-stress>.

Boyce, W. T., «Differential Susceptibility of the Developing Brain to Contextual Adversity and Stress», *Neuropsychopharmacology*, 41(1), pp. 142-162, 21 de octubre de 2015, <https://www.ncbi.nlm.nih.gov/pmc/articles/PMC4677150/>. DOI: 10.1038/npp.2015.294.

Brocke B., *et al.*, «Serotonin transporter gene variation impacts innate fear processing: Acoustic startle response and emotional startle», *Molecular Psychiatry*, 11(12), pp. 1106-1112, 2006.

Bufill, E., *Per què som creatius? Gens, cultura i ment humana*, Barcelona, Universitat de Barcelona, Col·lecció Catàlisi, 2020.

Buzan, T., *El libro de los mapas mentales*, Madrid, Urano, 2002.

Cameron, J., *El camino del artista*, Madrid, Aguilar, 2019.

Canil, T., *et al.*, «Beyond affect: A role for genetic variation of the serotonin transporter in neural activation during a cognitive attention task», *Proceedings of the National Academy of Sciences of the United States of America*, 102 (34), pp. 12224-12229, 2005.

Carson, S. H., Peterson, J. B., y Higgins, D. M., «Decreased latent inhibition is associated with increased creative achievement in high-functioning individuals», *Journal of Personality and Social Psychology*, 85(3), pp. 499-506, septiembre de 2003. DOI: 10.1037/0022-3514.85.3.499.

Carver, C. S., y White, T. L., «Behavioral inhibition, behavioral activation, and affective responses to impending reward and punishment: The BIS/BAS scales», *Journal of Personality and Social Psychology*, 67, pp. 319-333, 2013, <https://www.midss.org/content/behavioral-avoidanceinhibition-bisbas-scales>.

Chen, C., *et al.*, «Contributions of Dopamine-Related Genes and Environmental Factors to Highly Sensitive Personality: A Multi-Step Neuronal System-Level Approach», *PLoS ONE*, 13 de julio de 2011, <https://www.ncbi.nlm.nih.gov/pmc/articles/PMC3135587/>. DOI: 10.1371/journal.pone.0021636.

«Chronic activation of this survival mechanism impairs health»,

Harvard Health Publishing, 6 de julio de 2020, <https://www.health.harvard.edu/staying-healthy/understanding-the-stress-response>.

Coleman, K., y Wilson, D. S., «Shyness and boldness in pumpkin-seed sunfish: individual differences are context-specific», *Animal Behaviour*, 56(4), 1998, pp. 927-936, 1998, ISSN: 0003-3472, <https://www.sciencedirect.com/science/article/pii/S0003347298908521>. DOI: 10.1006/anbe.1998.0852.

Copper, T. M., *Thrill: The High Sensation Seeking Highly Sensitive Person*, Ozark, CreateSpace Independent Publishing Platform, 2016.

Corbett, R., «Good News, Sensitive People: New Research Says Your Emotional IQ Makes You a Better Artist», *Artnet News*, 5 de diciembre de 2017, <https://news.artnet.com/art-world/how-does-beauty-feel-new-research-finds-links-between-emotions-and-creativity-1165211>.

Csíkszentmihályi, M., *Beyond boredom and anxiety*, San Francisco, Jossey-Bass, 1975.

—, *Flow, the secret to happiness*, 1998, <https://www.ted.com/talks/mihaly_csikszentmihalyi_on_flow?language=en>.

—, *Flow: The psychology of happiness: The classic work on how to achieve happiness*, Londres, Rider, 2002.

—, *Flow: The psychology of optimal experience*, Nueva York, Random House, 2013.

Currey, M., *Daily Rituals: How Artists Work*, Nueva York, Alfred A. Knopf, 2013.

Dabrowski, K., *Psychoneurosis is not an illness*, Londres, Gryf Publications, 1972.

Dabrowski, K., y Piechowski, M. M., *Theory of levels of emotional development*, vols. 1 y 2, Nueva York, Oceanside Dabor Science, 1977.

Dahl, R., *Matilda*, Londres, Jonathan Cape, 1988. Adaptación cinematográfica de 1996 dirigida por Danny DeVito.

Dekelaita-Mullet, D. R., *et al.*, «Giftedness and Sensory Processing Sensitivity: A Validation Study of Two Versions of the Highly Sensitive Person Scale», *American Educational Research Association Annual Conference*, abril de 2017, <https://www.re searchgate.net/publication/316583403_Giftedness_and_Sen sory_Processing_Sensitivity_A_Validation_Study_of_Two_ Versions_of_the_Highly_Sensitive_Person_Scale>.

Dennett, D. C., «Illusionism as the obvious default theory of consciousness», *Journal of Consciousness Studies*, 23(11-12), 2016, pp 65-72, <https://ase.tufts.edu/cogstud/dennett/papers/illu sionism.pdf>.

Dietrich, A., «Functional neuroanatomy of altered states of consciousness: The transient hypofrontality hypothesis», *Consciousness and Cognition*, 12(2), 2003, pp. 231-256. DOI: 10.1016/s1053-8100(02)00046-6.

—, «Neurocognitive mechanisms underlying the experience of flow», *Consciousness and Cognition*, 13(4), 2004, pp. 746-761. DOI: 10.1016/j.concog.2004.07.002.

Dietrich, A., y Haider, H., «A Neurocognitive Framework for Human Creative Thought», *Frontiers in Psychology*, 7, p. 2078, 2016, <https://www.ncbi.nlm.nih.gov/pmc/articles/PMC5222 865/>. DOI: 10.3389/fpsyg.2016.02078.

Díez, S., entrevista a Sobonfu Somé, «Vivimos para desarrollar un don», *Cuerpo y Mente*, 2 de diciembre de 2019, <https://www. cuerpomente.com/nos-inspiran/espiritualidad-desarrollar-don_5690>.

Eisenberg, N., y Miller, P. A., «The relation of empathy to prosocial and related behaviors», *Psychological Bulletin*, 101(1), enero de 1987, pp. 91-119, <https://pubmed.ncbi.nlm.nih.gov/35 62705/>.

Faber, A., y Mazlish, E., *How to talk so kids will listen, and listen so kids will talk*, Nueva York, Avon, 1980.

Fessenden, M., «Your secret mind: A Stanford psychiatrist discusses tapping the motivational unconscious», *SCOPE, Stanford Medicine*, 7 de mayo de 2012, <https://scopeblog.stanford.edu/2012/05/07/your-secret-mind-a-stanford-psychiatrist-discusses-tapping-the-motivational-unconscious/#:~:text=Expressive por ciento20writing por ciento20is por ciento20a nother por ciento20way,below por ciento20the por ciento20le vel por ciento20of por ciento20awareness>.

Fink, A., y Benedek, M., «EEG alpha power and creative ideation», *Neuroscience & Biobehavioral Reviews*, 44(100), 2014, pp. 111-123. DOI: 10.1016/j.neubiorev.2012.12.002.

Fugate, M., Zentall, S. S., y Gentry, M., «Creativity and Working Memory in Gifted Students With and Without Characteristics of Attention Deficit Hyperactive Disorder: Lifting the Mask», *Gifted Child Quarterly*, 57(4), octubre de 2013, pp. 234-246, <http://gcq.sagepub.com/content/57/4/234.short>. DOI: 10.1177/0016986213500069.

Garcia Roig, M., *El arte de la empatía. Aprende del poder de tu sensibilidad*, Barcelona, Amat, 2019.

Graziano, L., *Habits of a Happy Brain*, Madrid, Adams Media Corporation, 2015.

Greven, C. U., *et al.*, «Sensory Processing Sensitivity in the context of Environmental Sensitivity: a critical review and development of research agenda», *Neuroscience & Biobehavioral Reviews*, 98, marzo de 2019, pp. 287-305, <https://pubmed.ncbi.nlm.nih.gov/30639671/>. DOI: 10.1016/j.neubiorev.2019.01.009.

Gruber, M. J., Gelman, B. D., y Ranganath, C., «States of curiosity modulate hippocampus-dependent learning via the dopaminergic circuit», *Neuron*, 84(2), 2014, pp. 486-496. DOI: <https://doi.org/10.1016/j.neuron.2014.08.060>.

Guilford, J. P., «The structure of intellect», *Psychological Bulletin*, 53(4), julio de 1956, pp. 267-293. DOI: 10.1037/h0040755. PMID: 133361962.

Hasegawa, M., *Sí, eres creativo. Técnicas para potenciar tu creatividad*, Sevilla, Advook, 2015.

Jackson, G. M., *et al.*, «A neural basis for contagious yawning», *Current Biology*, 27(17), agosto de 2017, pp. 2713-2717. DOI: 10.1016/j.cub.2017.07.062.

Jagiellowicz J., *et al.*, «The trait of sensory processing sensitivity and neural responses to changes in visual scenes», *Social Cognitive and Affective Neuroscience*, 6(1), marzo de 2010, pp. 38-47.

Johnson, S., *¿Quién se ha llevado mi queso?*, Madrid, Empresa Activa, 1999.

Jordan, J. V., «Relational development through mutual empathy», A. C. Bohart & L. S. Greenberg (eds.), *Empathy reconsidered: New directions in psychotherapy*, Washington, American Psychological Association Press, 1997, pp. 343-351. DOI: <https://doi.org/10.1037/10226-015>.

Katie, B., y Mitchell, S., *Amar lo que es. Cuatro preguntas que pueden cambiar tu vida*, Madrid, Urano, 2002.

Killgore, W., «Effects of sleep deprivation on cognition», *Progress in Brain Research*, Elsevier, 185, 2010, pp. 105-129. DOI: <https://doi.org/10.1016/B978-0-444-53702-7.00007-5>.

Koehn, S., Morris, T., y Watt, A. P., «Flow state in self-paced and externally-paced performance contexts: An examination of the flow model», *Psychology of Sport & Exercise*, 14(6), 2013, pp. 787-795. DOI: 10.1016/j.psychsport.2013.06.001.

Kolb, D. A., *The Learning Style Inventory: Technical Manual*, Boston, McBer, 1976.

Koren, L., *Wabi-Sabi para artistas, diseñadores, poetas y filósofos*, Barcelona, SD, 2021.

Kross, E., *et al.*, «Self-Talk as a Regulatory Mechanism: How You Do It Matters», *Journal of Personality and Social Psychology*, 106(2), 2014, pp. 304-324, <http://selfcontrol.psych.lsa. umich.edu/wp-content/uploads/2014/01/KrossJ_Pers_Soc_

Psychol2014Self-talk_as_a_regulatory_mechanism_How_ you_do_it_matters.pdf>. DOI: 10.1037/a0035173.

Kudroli, K., «The Biology of Belief: Unleashing the Power of Consciousness, Matter and Miracles – Bruce H Lipton», *Nitte Management Review*, 10(2), 2015, pp. 54-58. DOI: 10.17493/ nmr/2016/118223.

Licht, C. L., Mortensen, E. L., y Knudsen, G. M., «Association between sensory processing sensitivity and the 5-HTTLPR short/short Genotype», conferencia en el encuentro anual de la Society of Biological Psychiatry, mayo de 2011. DOI: 10.1016/j. biopsych.2011.03.031.

Lickerman, A., «How to reset your happiness set point: The surprising truth about what science says makes us happier in the long term», *Psychology Today*, <https://www.psychologytoday. com/us/blog/happiness-in-world/201304/how-reset-your-happiness-set-point>, 21 de abril de 2013.

Marina, J. A., y Marina, E., *L'aprenentatge de la creativitat*, Barcelona, Columna, 2012.

Mofield, E., y Parker Peters M., «The Relationship Between Perfectionism and Overexcitabilities in Gifted Adolescents», *Journal for the Education or the Gifted*, septiembre de 2015, <https:// www.researchgate.net/publication/282350562_The_Relations hip_Between_Perfectionism_and_Overexcitabilities_in_Gif ted_Adolescents>. DOI: 10.1177/0162353215607324.

Montesquieu, C.-L., *Cartas persas*, Madrid, Tecnos, 2009.

Nakamura, J., y Csíkszentmihályi, M., «Flow theory and research», Snyder, C. R., y Lopez S. J. (eds.), *The Oxford Handbook of Positive Psychology*, 2009, pp. 195-206. DOI: 10.1093/oxford-hb/9780195187243.013.0018.

Neff, K. D., y Dahm, K. A., «Self-compassion: What it is, what it does, and how it relates to mindfulness», en *Handbook of mindfulness and self-regulation*, Nueva York, Springer, 2015, pp. 121-137.

Niezink, L. W., y Rutsch, E., «Empathy Circles. A Blended Empathy Practice», julio de 2016, <https://www.academia. edu/27786942/Empathy_Circles_A_Blended_Empathy_ Practice>.

Piechowski, M. M., «Levels of emotional development», *Illinois Teacher of Home Economics*, 22(3), 1979, pp. 134-139.

—, «Characteristics of the self-actualized person: Visions from the East and West (Invited Commentary)», *Counseling and Values*, 36(1), 1991, pp. 19-20.

—, «Developmental potential», Colangelo, N., y Zaffrann, R. (eds.), *New Voices in Counseling the Gifted*, Dubuque (Iowa), Kendall Hunt, 1991, pp. 25-57.

—, «Emotional development and emotional giftedness», Colangelo, N., y Davis, G. (eds.), *Handbook of Gifted Education*, Boston, Allyn and Bacon, 1991, pp. 285-307.

—, «Giftedness for all seasons: Inner peace in a time of war», conferencia en el Henry B. and Jocelyn Wallace National Research Symposium on Talent Development, Iowa, Universidad de Iowa City, 1991.

Pinkney, J., *Fábulas de Esopo*, Barcelona, Vicens Vives, 2014.

Roiser, J. P., *et al.*, «The effect of polymorphism at the serotonin transporter gene on decision-making, memory and executive function in ecstasy users and controls», *Psychopharmacology*, 188(2), 2006, pp. 213-227.

Sand, I., *Highly Sensitive People in an Insensitive World: How to Create a Happy Life*, Filadelfia, Jessica Kingsley Publishers, 2016.

Sherman, N., «Recovering lost goodness: Shame, guilt, and self-empathy», *Psychoanalytic Psychology*, 31(2), abril de 2014, pp. 217-235, <https://www.researchgate.net/publication/2639 21955_Recovering_lost_goodness_Shame_guilt_and_self-empathy>. DOI: 10.1037/a0036435.

Sih, A., *et al.*, «Behavioral syndromes: an ecological and evolutionary overview», *Trends in Ecology & Evolution*, 19(7), 2004, pp. 372-378. DOI: 10.1016/j.tree.2004.04.009.

Tello, M., «Regular meditation more beneficial than vacation», *Harvard Health Blog*, 27 de octubre de 2016, <https://www.health.harvard.edu/blog/relaxation-benefits-meditation-stronger-relaxation-benefits-taking-vacation-2016102710532?utm_source=delivra&utm_medium=email&utm_campaign=WR20161028-Yoga&utm_id=288212&dlv-ga-memberid=11189015&mid=11189015&ml=288212>.

Todd, R. M., *et al.*, «Neurogenetic variations in norepinephrine availability enhance perceptual vividness», *The Journal of Neuroscience*, 35(16), 22 de abril de 2015, pp. 6506-6516, <https://www.jneurosci.org/content/jneuro/35/16/6506.full.pdf>.

Ullén, F., *et al.*, «Proneness for psychological flow in everyday life: Associations with personality and intelligence», *Personality and Individual Differences*, 52(2), 2012, pp. 167-172. DOI: 10.1016/j.paid.2011.10.003.

Universidad de Nottingham, «Yawning: Why is it so contagious and why should it matter?», *ScienceDaily*, agosto de 2017, <https://www.sciencedaily.com/releases/2017/08/170831123031.htm>.

University of British Columbia, «How your brain reacts to emotional information is influenced by your genes», *ScienceDaily*, 7 de mayo de 2015, <www.sciencedaily.com/releases/2015/05/150507135919.htm>.

Von Uexküll, J., *Umwelt und Innenwelt der Tiere*, Berlín, J. Springer, 1909.

Walker, C. J., «Experiencing flow: Is doing it together better than doing it alone?», *The Journal of Positive Psychology*, 5(1), 2010, pp. 5-11. DOI: 10.1080/17439760903271116.

Way, B. M., y Taylor, S. E., «The serotonin transporter promoter polymorphism is associated with cortisol response to psychosocial stress», *Biological Psychiatry*, 67(5), 2010, pp. 487-492.

Wilson, D. S., *et al.*, «Shy-bold continuum in pumpkinseed sunfish (*Lepomis gibbosus*): An ecological study of a psychological trait», *Journal of Comparative Psychology*, 107(3), 1993, pp. 250-260. DOI: 10.1037/0735-7036.107.3.250.

Wiseman, R., *The luck factor: the scientific study of the lucky mind*, Londres, Arrow Books Ltd., 2011.

Wolf, *et al.,* «Evolutionary emergence of responsive and unresponsive personalities. Evolutionary emergence of responsive and unresponsive personalities», *Proceedings of the National Academy of Sciences of the United States of America*, 105, 2008, pp. 15825-15830, <https://www.researchgate.net/publica tion/23303141_Evolutionary_emergence_of_responsive_ and_unresponsive_personalitiesEvolutionary_emergence_of_ responsive_and_unresponsive_personalities>. DOI: 10.1073/ pnas.0805473105. Zeff, T., *The Highly Sensitive Person's Survival Guide: Essential Skills for Living Well in an Overstimulating World*. Oakland, New Harbinger Publications, 2004.

Zaltman, G., «Marketing's forthcoming age of imagination», *Academy of Marketing Science Review*, 6(3-4), 2016, <https:// www.inc.com/logan-chierotti/harvard-professor-says-95-of- purchasing-decisions-are-subconscious.html>. DOI: 10.1007/ s13162-016-0082-3.

Zuckerman, M., «The sensation seeking motive», *Progress in Experimental Personality Research*, 7, 1974, pp. 79-148. PubMed ID: 4614324.

ENLACES

<http://futureshapers.com/navigating-states-consciousness/>.
<http://hsperson.com/research/published-articles>.
<https://hsperson.com/research/measurement-scales-for-resear chers>.

<https://keithsawyer.wordpress.com/2016/08/01/creativity-is-not-localized-in-the-brain>.

<https://phys.org/news/2006-02-expert-creative-hard.html>.

<https://www.ultimahora.es/ocio/otras-cosas/eres-persona-alta mente-sensible.html>.